beck'sche reihe

Wie lange dauerte das Mittelalter eigentlich? Welche Rechte hatten Frauen im Mittelalter? Was geschah damals mit Menschen, die sich nicht mehr selbst versorgen konnten? Welche Aufgaben hatte ein Graf? Worum ging es im Investiturstreit? Wieso entstanden Bettelorden? Warum organisierten sich Handwerker in Zünften? Wie alt wurden die Menschen im Mittelalter? Wer glaubte, die Erde sei eine Scheibe? Was ist Gotik? Was verdanken wir dem Mittelalter?

Diese und viele vergleichbare Fragen ergeben sich oft ganz beiläufig bei Aufenthalten in Städten mit alten Stadtkernen, im Urlaub bei der Besichtigung von Burgen, Kirchen- und Klosteranlagen oder während man eine Fernsehsendung sieht. Hätte man stets die Antworten auf solche Fragen parat, so würden die Monumente einer jahrhundertealten Epoche auf einmal zu beredten Zeugen facettenreichen Lebens. Nun muß man keine großvolumigen Bücher lesen, um sich der Welt des Mittelalters anzunähern. Eine gelungene Einführung in dieses faszinierende Zeitalter hat Claudia Märtl vorgelegt, die anhand von 101 konkreten Fragen Antworten und Anregungen zur weiteren Auseinandersetzung zu geben versteht.

Claudia Märtl lehrt als Professorin für Mittelalterliche Geschichte an der Ludwig-Maximilians-Universität München. Überlieferungsgeschichte lateinischer Texte des Mittelalters, spätmittelalterliche Historiographie, Geschichte des Humanismus und seiner Verbreitung, Sozialgeschichte der spätmittelalterlichen Kurie sowie die Entwicklung des Gesandtschaftswesens in Italien bilden Schwerpunkte ihrer Forschung.

Claudia Märtl

Die 101 wichtigsten Fragen
Mittelalter

Verlag C. H. Beck

1. Auflage. 2006
2., durchgesehene Auflage. 2007
3. Auflage. 2009
4. Auflage. 2013

Mit 20 Abbildungen

5. Auflage. 2023
Originalausgabe

www.chbeck.de
Umschlaggestaltung: malsyteufel, Willich
Umschlagabbildung: Gebrüder Limburg, «Monatsbild April» (ein Brautpaar wechselt die Ringe; junge Frauen pflücken Blumen. Im Hintergrund Schloß Dourdan), Buchmalerei, um 1410/16. Aus den «Très riches heures» des Duc de Berry. Pergament, 13,5 x 15,5 cm. Chantilly, Musée Condé, Ms. 65, fol. 4v,
© akg-images/Erich Lessing
Satz: Fotosatz Amann, Memmingen
Druck und Bindung: Druckerei C.H.Beck, Nördlingen
Printed in Germany
ISBN 978 3 406 80158 7

klimaneutral produziert
www.chbeck.de/nachhaltig

Inhalt

Einleitung

Begriff und Bild des Mittelalters

Gesellschaft und Recht

Politische Ordnungsformen

Glaube, Religion, Kirche

Ereignisgeschichte

Wirtschaft, Landwirtschaft, Technik

Lebenswelt und Lebensräume

Wissen und Wissensvermittlung

Kunst und Literatur

Überlieferung und Kontinuitäten

Einleitung

Dieses Buch ist in Zusammenarbeit mit einer Gruppe von Studenten und Studentinnen der Ludwig-Maximilians-Universität München entstanden, die zwei Semester lang die «101 wichtigsten Fragen zum Mittelalter» mit mir besprochen haben. Lebhafte Diskussionen entspannen sich schon um die Auswahl der Fragen und ihre Reihenfolge; auch die Formulierung der einzelnen Artikel wurde kritisch unter die Lupe genommen.

Artikel und Diskussionsbeiträge steuerten bei: Sabine Baumeister, Sandra Bisping, Tanja Bullmann, Melanie Hömberg, Anke Kattner, Tibor Rácskai, Maximilian Schuh, Andrea Sinn und Sebastian Weber. Die Zeitleiste erstellte Konrad Frenzel.

Einiges Kopfzerbrechen bereitete das Problem, wie ein Jahrtausend europäischer Geschichte in 101 Fragen ohne einseitige Verengungen des Blickwinkels abzuhandeln ist. Aus pragmatischen Erwägungen entschlossen wir uns, den Blick auf die christliche Welt Mitteleuropas mit dem fränkisch-deutschen Reich im Zentrum zu richten, ohne andere Bereiche ganz auszuschließen. Bei der gebotenen Kürze mußte freilich so manche in wissenschaftlichem Zusammenhang erforderliche Differenzierung unterbleiben. Als Zielpublikum stand uns der berühmte «interessierte Laie» vor Augen. Wir hoffen, daß das vorliegende Buch durch unsere gemeinsamen Bemühungen dem Erwartungshorizont dieses Publikums näher gerückt ist, als wenn ich es allein geschrieben hätte.

München, im Winter 2005 *Claudia Märtl*

Begriff und Bild des Mittelalters

1. Wie lange dauerte das Mittelalter? Als Mittelalter wird meist das Jahrtausend zwischen 500 und 1500 bezeichnet. Selbstverständlich sind diese exakten Jahreszahlen nicht allzu genau zu nehmen, doch lassen sich mehrere Ereignisse nennen, deren Häufung um 500 oder 1500 eine Epochenzäsur rechtfertigt. Der Beginn des Mittelalters kündigt sich an mit den Daten 380 (Aufstieg des Christentums zur Staatsreligion des römischen Reiches), 476 (Untergang des weströmischen Reiches), 529 (Schließung der philosophischen Akademie in Athen, Gründung des Klosters Montecassino durch Benedikt von Nursia). Das Ende des Mittelalters ist verbunden mit den Daten 1453 (Eroberung Konstantinopels durch die Türken), 1492 (Entdeckung Amerikas durch Kolumbus), 1517 (Beginn der Reformation). Weitere wichtige Ereignisse sind chronologisch nur ungefähr zu bestimmen, wie etwa die Annahme des Christentums durch die Franken (um 500) oder die Erfindung des Drucks mit beweglichen Lettern (um 1450). Wie bei jeder Epocheneinteilung müssen Kontinuitäten ebenso wie ungleichzeitige Entwicklungen beachtet werden. Einerseits hielten sich Traditionen des spätantiken römischen Staats bis weit ins Reich der Merowinger (5. bis 8. Jahrhundert), andererseits könnten es soziale und wirtschaftliche Verhältnisse auf dem Land nahelegen, das Mittelalter erst mit der Französischen Revolution oder der Bauernbefreiung des frühen 19. Jahrhunderts enden zu lassen. West- und Südeuropa gelten als fortschrittlicher im Vergleich zu Nord-, Mittel- und Osteuropa. Deutlich wird dies auch in nationalen Unterschieden der Periodisierung. In Italien zählt das 15. Jahrhundert bereits zur Neuzeit, während in Rußland noch das 17. Jahrhundert zum Mittelalter gerechnet wird. Verbreitet ist eine Untergliederung in Frühmittelalter (bis ins 11. Jahrhundert), Hochmittelalter (bis zur Mitte des 13. Jahrhunderts) und Spätmittelalter. Das Hochmittelalter brachte grundlegende Änderungen. Deshalb wurde vorgeschlagen, von der Völkerwanderung bis zum 12. Jahrhundert ein archaisches Zeitalter und danach bis ins 18. Jahrhundert ein alteuropäisches Zeitalter anzusetzen, doch konnte diese Alternative die gängige Einteilung nicht verdrängen.

2. Wie finster war das Mittelalter? Der Begriff Mittelalter hatte von Anfang an einen negativen Beiklang. Als die Idee einer *media aetas*, eines mittleren Zeitalters, um die Mitte des 15. Jahrhunderts in humanistischem Umfeld entstand, drückte sie ein ästhetisches Urteil aus. Das mittlere Zeitalter schob sich zwischen Antike und Gegenwart, die als Aufbruch in eine neue, an die Antike anschließende Zeit galt. Für die Humanisten war das Mittelalter finster wegen des Verlusts der Philosophie, des Sprachniveaus und der Kunst des Altertums. Für die Protestanten handelte es sich um die Zeit der Verfälschung des christlichen Glaubens durch die Päpste. Die Aufklärer machten dem vermeintlich von der Kirche beherrschten Mittelalter zum Vorwurf, in dumpfem Aberglauben befangen zu sein. Als Reaktion auf die vernunftfixierte Aufklärung und die unbefriedigende politische Gegenwart entstand an der Wende vom 18. zum 19. Jahrhundert ein positives Mittelalterbild. Die Romantiker erfanden eine idealisierte Zeit ohne Glaubensspaltung, in der eine harmonische Ständeordnung herrschte, ein mächtiges deutsches Kaiserreich die Führung in Europa innehatte und vor allem Kunst und Literatur blühten. Vorstellungen vom Mittelalter waren immer zeitgebunden. Wer heute von «mittelalterlichen Zuständen» spricht, benutzt das Mittelalter meist nur als negative Folie, um gegenwärtige Verhältnisse zu brandmarken.

Gegen das Klischee vom finsteren Mittelalter ist einzuwenden, daß einige ihm als typisch zugeschriebene Aspekte, wie Unfreiheit oder Pestepidemien, schon in der Antike aufgetreten waren und andere, wie Glaubenskriege oder Hexenverfolgungen, ihren Höhepunkt erst in der frühen Neuzeit erreichten. Als finster und mittelalterlich geltende Verhältnisse wie die Grundherrschaft bestanden bis weit in die Neuzeit hinein. Meist vergessen wird, daß bei aller Bedeutung der Antikerezeption die Neuzeit ohne die technischen und intellektuellen Entwicklungen des Mittelalters nicht denkbar wäre.

E Gesellschaft und Recht

3. Welche Rechte hatten Frauen? Je nach Zeit, Ort und sozialem Stand lassen sich erhebliche Unterschiede in der rechtlichen Position von Frauen feststellen. Grundsätzlich galt die Frau als dem Mann körperlich, geistig und moralisch unterlegen; ihre Unterordnung schien nicht nur christlichen Theologen gottgewollt, sondern war ebenso in der antiken Philosophie und im rabbinischen Judentum verankert. Vielen Bestimmungen des Kirchenrechts lag das negative Bild der Eva als verführter Frau und Verführerin Adams zugrunde, und die Vorschriften der weltlichen Rechte beruhten auf Vorstellungen von einer natürlichen Schwäche und Schüchternheit der Frau. So waren Frauen von kirchlichen und weltlichen Ämtern fast ganz ausgeschlossen, in ihren rechtlichen Handlungsmöglichkeiten eingeschränkt und allgemein der Weisungs- und Strafgewalt männlicher Angehöriger, der Munt, unterworfen.

Bei der am weitesten verbreiteten Form der Eheschließung nach weltlichem Recht übergab der Gewalthaber der Braut die Munt an den künftigen Ehemann. Ab dem 9. Jahrhundert erklärte die Kirche jedoch die Einwilligung beider Ehepartner, also auch der Frau, zum wichtigsten Merkmal eines gültigen Eheabschlusses. Frauen waren somit bei ihrer Verheiratung nicht rechtlos; auch mußte der Mann vor der Hochzeit eine ausreichende Witwenversorgung zusichern. In der Ehe stand der Frau die eigenverantwortliche Führung des Haushalts zu. Brach der Mann die Ehe oder mißhandelte er die Frau grundlos, so stellte dies ein ehewidriges Verhalten dar, das für die männlichen Verwandten der Frau zum Anlaß einer Fehde und für die Frau selbst zum Grund einer Klage vor einem geistlichen Gericht werden konnte. In solchen Fällen konnte ebenso wie bei sexuellen Störungen, etwa Impotenz des Mannes, eine Trennung verhängt werden. Aus kirchlicher Sicht war die Ehe von Gott selbst gestiftet worden, um den Menschen die legitime Fortpflanzung zu ermöglichen. Allein der Geschlechtsverkehr innerhalb der Ehe mit dem Ziel der Fortpflanzung wurde als sündenfreie sexuelle Praxis betrachtet und zählte sogar zu den Pflichten, die von den Eheleuten wechselseitig eingefordert werden durften.

Durch die höfische Dichtung des 12. Jahrhunderts kam es zu einer ideellen Aufwertung der Frau in der höfisch-ritterlichen

Abb. 1: Die Darstellung einer Familie steht am Anfang einer Serie von Zeichnungen des 13. Jahrhunderts, die in insgesamt 12 Szenen menschliche Tätigkeiten illustrieren. Außer den hier abgebildeten Hirten, Webern, Schustern, Bauern, Schmieden, Handwerkern beim Hausbau, Fischern und Jägern werden auch Köche, Vogelfänger, Kleriker und Maler gezeigt. Unter den überwölbenden Arkaden halten menschliche Büsten Geräte, die für die jeweilige Tätigkeit typisch sind.

Gesellschaft, doch führte dies nicht zu einer sozialen und rechtlichen Emanzipation. Dennoch wirkte sich dieses veränderte Frauenbild positiv aus, da Liebe und gegenseitige Anziehung als Grundlage der Verbindung zwischen den beiden Geschlechtern stark an Ansehen gewannen. Frauen bekamen auch in der hoch- und spätmittelalterlichen Stadt neue Spielräume, indem sie selbständig das Bürgerrecht erwerben und in Handwerk oder Gewerbe tätig werden konnten.

4. Wie frei waren einfache Menschen? Die Unterscheidung zwischen Freien und Unfreien oder Sklaven beruht ursprünglich auf dem römischen Recht, doch ist Sklaverei als die schwerste Form der Unfreiheit anscheinend bis zum Ende des 10. Jahrhunderts aus den meisten Regionen Westeuropas verschwunden. Im Spätmittelalter entwickelte sich allerdings in den Mittelmeerländern erneut ein lebhafter Sklavenhandel, bei dem aus Asien, Rußland, dem

Kaukasusgebiet und Schwarzafrika stammende Menschen verkauft wurden, die im Haushalt ihrer Herren arbeiten sollten. Zwischen den Polen Freiheit und Unfreiheit gab es mannigfache Abstufungen. Häufig band Unfreiheit die Menschen an das Land, auf dem sie geboren waren, und unterwarf sie den Entscheidungen des Grundherrn (Leibeigenschaft). Ein Besitzerwechsel betraf deshalb nicht nur Grund und Boden, sondern auch die dazu gehörenden Leute wechselten den Herrn. Unfreie konnten verschenkt oder getauscht werden; auch bestimmten die Herren, ob und wen Unfreie heiraten durften. Wer frei geboren war, konnte durch Kriegsgefangenschaft oder Schuldhaft seine Freiheit dauerhaft verlieren, und es kam vor, daß Freie sich in Unfreiheit begaben, um eine soziale Absicherung zu erhalten. Wurde ein Unfreier für eine geistliche Laufbahn bestimmt, so mußte er freigelassen werden; Adlige und Stadtbürger waren grundsätzlich frei. Ist im Mittelalter von «Freiheit» die Rede, so bezieht sich dies meist auf eine relative Besserstellung innerhalb eines sozialen Gefüges. Auch damals wurde schon Kritik an Unfreiheit und Ungleichheit laut, doch folgte ihr meist die Erklärung, daß die Menschen nach dem Sündenfall schlechterdings in einer unvollkommenen Welt leben müßten. In Deutschland gab es auf dem Land in Verbindung mit der Grundherrschaft Unfreiheit bis zur Bauernbefreiung im 19. Jahrhundert.

5. Welche Aufstiegsmöglichkeiten gab es? Die Erlangung der Freiheit stellte zweifellos den bedeutendsten sozialen Aufstieg dar. In der Spätantike und im Frühmittelalter förderte die Kirche die Freilassung von Sklaven als Akt christlicher Barmherzigkeit; im Spätmittelalter verlangte sie, daß als Haussklaven verkaufte Muslime oder Heiden freigelassen wurden, sobald sie sich taufen ließen. Im Hochmittelalter gelang es größeren Gruppen unfreier Menschen, zur Freiheit aufzusteigen. Damals lebten in den alten Siedlungsgebieten kaum völlig freie Bauern, in den durch Binnen- und Ostkolonisation neu gewonnenen Gebieten hingegen erhielten sie weitreichende Vergünstigungen. Auch die Entwicklung der Städte trug für viele zur Verbesserung der Lage bei. Jeder Leibeigene, der Jahr und Tag in einer Stadt verbrachte, ohne von seinem Herrn zurückgefordert zu werden, wurde als freier Mann in die Stadtgemeinde aufgenommen. Seine Einstufung als Bürger der Stadt erfuhr er meist erst, wenn er ein bestimmtes Vermögen vorweisen konnte. Unfrei waren ursprünglich auch die Ministerialen; sie leisteten verantwortungsvolle Dienste für ihre Herren, etwa die Verwaltung von Landgütern, Städten und Burgen. Durch die Bewährung im Dienst gelang es vielen Ministerialen, nicht nur zur Freiheit, sondern sogar in den Adel aufzusteigen.

Der Stand als Bauer, Bürger oder Adliger verlieh einen festen Platz in der Gesellschaft, und die Standeszugehörigkeit wirkte sich in unterschiedlichen Rechten aus. Ein persönlicher Aufstieg an den weltlichen Standesschranken vorbei war über den Eintritt in eine geistliche Laufbahn und die damit verbundene Bildung möglich. Daß Männer aus niederen Schichten Bischofsstühle erhielten (der erste Bischof von Bamberg etwa entstammte einer ursprünglich unfreien Familie), blieb gleichwohl eine Ausnahme. Im Spätmittelalter konnten Bürgerliche durch den Erwerb eines Doktorgrads in Stellungen einrücken, die dem Adel vorbehalten waren, zum Beispiel eine Pfründe in einem Domkapitel erhalten oder als Rat eines Fürsten angestellt werden. Ein bekannter Aufsteiger war Kardinal Nikolaus von Kues (1401–1464), der stolz berichtet, daß sein Vater ein einfacher Moselschiffer gewesen sei. Sozialer Aufstieg wurde im Mittelalter zwiespältig betrachtet: einerseits konnte er auf das Wirken Gottes zurückgeführt werden, andererseits setzte sich der Aufsteiger stets dem Verdacht aus, gottgewollte Schranken zu mißachten.

6. Wie wurden gesellschaftliche Verhältnisse erklärt? Im Zentrum jeder Reflexion über Gesellschaft stand der *Ordo*-Gedanke. *Ordo*, übersetzbar mit «Stand» oder «Ordnung», war ein Grundbegriff der Theologie und Philosophie. Die Welt wurde als von Gott erschaffenes, geordnetes Ganzes verstanden, dessen einzelne Teile in einer sinnvollen Beziehung zueinander stehen und stets

Abb. 2: Ein Chronist berichtet zu Beginn des 12. Jahrhunderts von einem schrecklichen Traum Heinrichs I. von England, in dem sich der König von den drei Ständen seines Reichs bedroht sah. Die leicht karikierten, mit Schaufel, Sense und Heu- oder Mistgabel ausgestatteten Bauern weisen gestikulierend ein Spruchband vor, während die mit Kettenhemd, «Nasenhelm» und spitzovalem Schild ausgerüsteten Kämpfer ihren Protest lautstark mit gezogenem Schwert artikulieren und die Beter als Bischöfe und Äbte mit Büchern unter dem Arm auftreten, die dem König eine besiegelte Urkunde unter die Nase halten.

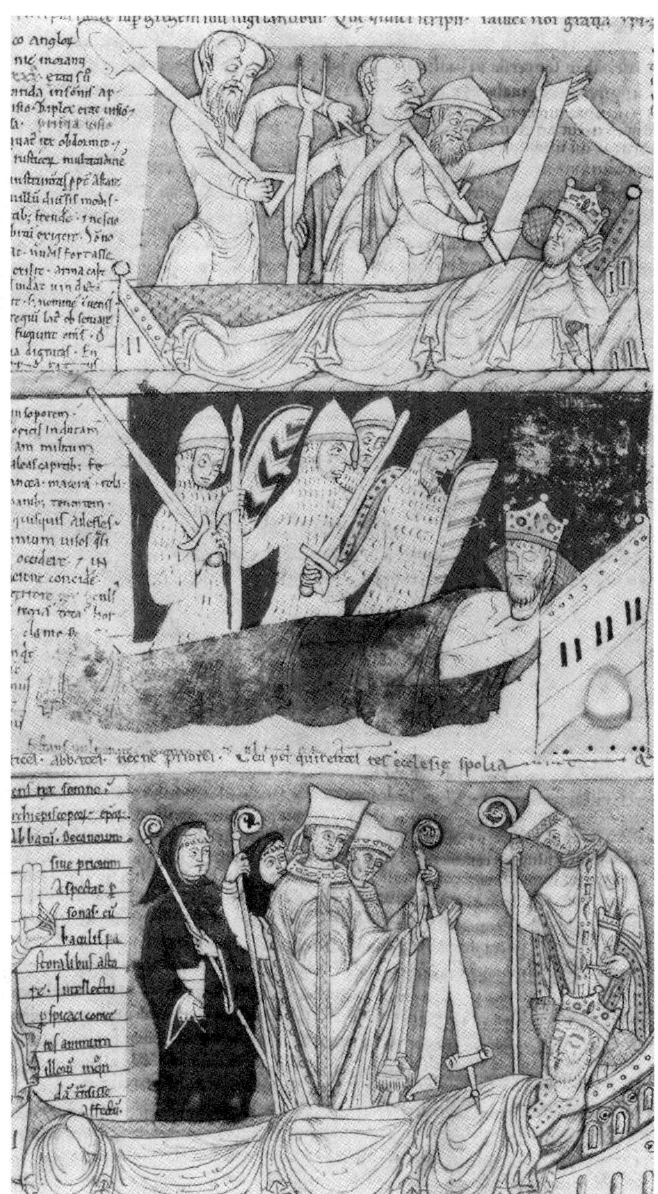

im Gesamtzusammenhang zu denken sind. Die Ungleichheit innerhalb der Welt ist deshalb in der von Gott geschaffenen höheren Harmonie aufgehoben. Aus diesem Gedanken heraus entstand als bekanntestes soziales Deutungsmuster das Modell der funktionalen Dreiteilung. Danach gibt es die drei Stände Klerus, Krieger und Bauern, denen jeweils andere Aufgaben innerhalb der Gesellschaft zukommen. Die Krieger verteidigen das Land, der Klerus betet für das Seelenheil aller und die Bauern sorgen für die Ernährung. Mit diesem Schema ist eine Aufforderung verbunden: nur wer sich in die gottgewollte Ordnung einfügt und die Aufgaben seines Standes erfüllt, handelt richtig. Aufgrund seiner bestechenden Einfachheit beeinflußte das im Frühmittelalter entworfene Dreiständeschema soziale Theorien bis weit in die Neuzeit hinein. Im historischen Rückblick wurde das Dreiständeschema lange als Abbild einer statischen Gesellschaftsordnung gewertet, oder es wurde zumal den mittelalterlichen Vertretern dieses Modells vorgeworfen, sie seien unfähig gewesen, die gesellschaftliche Realität wahrzunehmen. Derlei Modelle waren aber immer bewußte Abstraktionen der als komplex empfundenen Verhältnisse und sollten nicht die Wirklichkeit abbilden, sondern die gottgewollte Ordnung festhalten. Ihre Urheber wollten dazu beitragen, eine vermeintlich in Unordnung geratene Welt wieder ins Lot zu bringen.

7. Wie groß war die Macht des Adels? Den Adel kennzeichnete die Teilhabe an Macht und Herrschaft; der König konnte nur in Zusammenarbeit mit der führenden Schicht, aus der er selbst stammte, regieren. Maßgeblich für die Einstufung in den Adel waren weder persönliche Leistungen noch der Umfang des Besitzes, sondern stets die Ausübung von Herrschaft. Der Adel einer Person definierte sich über die Abkunft von adligen Ahnen und die Zugehörigkeit zu einer adligen Familie. Im Hochmittelalter begannen sich die adligen Familien nach Burgen als ihren Stammsitzen zu nennen (daher das den Adel anzeigende «von»), gleichzeitig veränderte sich das Familienbewußtsein, indem die männliche Abstammungslinie in den Vordergrund rückte. Im deutschen Reich hatte der Adel eine überragende Bedeutung, da den Adligen bis ins Spätmittelalter alle hohen Positionen in der weltlichen und kirchlichen Hierarchie vorbehalten waren. Auch wurden in den meisten Klöstern der alten Orden nur Adlige als Mönche oder Nonnen aufgenommen.

Der Adel war keine homogene Schicht. Die um 1200 fixierte Heerschildordnung des Reichs legte eine lehensrechtlich begründete hierarchische Stufung fest, wonach die Angehörigen des zweiten bis vierten Heerschilds sich als Hoch- oder Dynastenadel von den im fünften bis siebten Heerschild zusammengefaßten kleineren Vasallen, Ministerialen und Adligen ohne eigene Vasallen abhoben. Im Spätmittelalter begaben sich Adlige unter dem Druck wirtschaftlicher Entwicklungen zunehmend in den Fürstendienst und lebten am Hof ihrer Dienstherren.

8. Wie entstand das Rittertum? Vor den militärischen und wirtschaftlichen Veränderungen des Frühmittelalters bildeten alle Freien das Heer. Die wachsende Bedeutung berittener Kämpfer führte im fränkischen Reich wegen der höheren Aufwendungen für Pferde und Ausrüstung zu einer sozialen Trennung zwischen Reiterei und Fußtruppen. Nach der Heeresreform Karls des Großen wurden nur mehr diejenigen Freien zum Heeresdienst herangezogen, die einen bestimmten Mindestbesitz oder ein Lehen vorweisen konnten. In der Folgezeit rückten die freien und adligen Vasallen, die Lehen besaßen, in den Vordergrund, während die bäuerlichen Grundbesitzer an Bedeutung verloren. Im 10. Jahrhundert bestand die Reiterei nur noch aus Vasallen, die sich als *milites* oder Panzerreiter vom restlichen Heer abgrenzten. Das Lehenswesen bildete die rechtliche und wirtschaftliche Grundlage der neu entstandenen Ritterschaft, deren Angehörige sich gewissermaßen als ‹Berufskrieger› empfanden. Staufische Könige, allen voran Friedrich I. Barbarossa (1152–1190), nutzten den Ritterbegriff zur Integration: als Ritter verstanden sich am Ende des 12. Jahrhunderts alle gerüstet zu Pferd kämpfenden Männer, egal ob Ministeriale oder Hochadlige. Die konkreten Lebensverhältnisse der Ritter gestalteten sich aufgrund dieser großen sozialen Spannweite sehr unterschiedlich. In der ritterlichen Selbstdarstellung wird der hochgemute Einzelkämpfer gepriesen, doch zog der Ritter, dessen Rüstung im Lauf der Zeit immer schwerer und kompakter wurde, nicht allein aus, sondern war stets mit mindestens drei Pferden und einem Knappen unterwegs.

Wichtig für die Entstehung des europäischen Rittertums war der starke Einfluß, den die Kleriker auf das Standesethos der Reiterkrieger gewannen. Die Gottesfriedensbewegung des 11. Jahrhunderts trug dazu bei, den Schutz der Kirche und aller Wehrlosen zum unverzichtbaren Bestandteil des ritterlichen Selbstverständnisses zu machen. Dazu trat noch der Kreuzzugsgedanke, dem das Ideal des *miles christianus*, des christlichen Kämpfers für Gott und den Glauben, zugrunde lag. Der Eintritt eines jungen Mannes in den Ritterstand wurde durch Schwertleite, Ritterschlag oder Ritterweihe vollzogen und setzte eine sorgfältige Erziehung voraus, in der dem künftigen Ritter nicht nur körperliche Fähigkeiten, sondern auch die ideellen Werte des Rittertums vermittelt werden sollten. An den Königs- und Fürstenhöfen des Hochmittelalters entwickelte sich die höfisch-ritterliche Kultur, die mit ihren materiellen und literarischen Erzeugnissen bis heute das Bild des gesamten Mittelalters bestimmt.

9. Wie funktionierte Grundherrschaft? Die Grundherrschaft ist die Basis der mittelalterlichen Herrschafts- und Sozialstruktur. Bauern erhielten als Grundholde oder Hintersassen von einem Grundherrn Land, das sie selbständig bewirtschaften konnten. Dafür leisteten sie Abgaben und Frondienste für ihn. Zwischen Hintersassen und Grundherrn bestand ein persönliches Abhängigkeitsverhältnis. Dieser übte Gerichtsbarkeit und Zwangsgewalt über seine Hintersassen aus, die sich ihm in einer Huldigung zu Treue und Gehorsam verpflichteten. Allerdings erwarben die Grundholde weitreichende Eigentums- und Verfügungsrechte am genutzten Land und konnten in Notsituationen Anspruch auf den Schutz des Grundherrn erheben, der sie nach außen vertrat. Nicht nur Könige, Adlige, Kirchen oder Klöster, sondern auch Stadtbürger und einfache Freie konnten als Grundherren auftreten in einer Gesellschaft, in der weit über neunzig Prozent der Bevölkerung in der Landwirtschaft tätig war. Im Frühmittelalter herrschte die Villikationsverfassung als Organisationsform vor: Einem zentralen Herrenhof, geleitet vom Grundherrn oder einem Verwalter, waren mehrere in der Nähe liegende, von Grundholden bewirtschaftete Fronhöfe zugeordnet. Die Bauern der Fronhöfe wurden besonders bei Aussaat und Ernte zu Frondiensten auf den großen Ländereien des Herrenhofes herangezogen. Grundherren mit umfangreichem Landbesitz verwendeten sogar ein mehrstufiges Organisationssystem von Haupt- und Nebenherrenhöfen zur Verwaltung ihrer Güter. Ab dem Hochmittelalter setzte sich die Zins- oder Rentengrundherrschaft durch. Bereits im Frühmittelalter hatten die Hintersassen von weiter entfernten Fronhöfen keine Arbeitsdienste geleistet, sondern allein Abgaben geliefert. Bei wachsender Bevölkerung und mit der Entstehung neuer Märkte in den Städten versprach der Absatz von Getreide und Vieh oder anderen landwirtschaftlichen Produkten mehr Einnahmen. Deshalb wurden die Frondienste zu Gunsten höherer Abgaben reduziert. Der Herrenhof wandelte sich von einem Bauernhof zu einem Wirtschafts- und Verwaltungszentrum. Mit zunehmender Bedeutung der Geldwirtschaft konnten die Abgaben schließlich auch in barer Münze beglichen werden. Grundherrschaft ist kein rein mittelalterliches Phänomen; Ausläufer finden sich in Gestalt der ostelbischen Gutsherrschaft bis ins 20. Jahrhundert.

10. Was bedeutete es, arm zu sein? Armut bedeutete nicht nur materielle Not, sondern bezeichnete auch einen Zustand sozialer, rechtlicher und politischer Benachteiligung. Im Frühmittelalter war es eine der wichtigsten Aufgaben von Kirche und Königtum, für den Schutz der Armen und die Linderung ihrer Notlagen zu sorgen. Zwischen mehr oder minder Berechtigten unter den Armen wurde nicht unterschieden. Armut wurde als unumgänglicher Teil der göttlichen Weltordnung gesehen, da ihre Existenz es den Reichen ermöglichte, durch Wohltätigkeit für ihr eigenes Seelenheil zu sorgen. Diese Motivation verstärkte sich zunächst noch in der städtischen Gesellschaft des Hochmittelalters, deren Angehörige sich durch zahlreiche Almosen und Stiftungen die Gebetsleistungen der Armen sichern wollten. Doch näherte sich die unbegrenzte Spendefreudigkeit ihrem Ende, als man begann, zwischen Armut und Arbeitsfähigkeit eine Verbindung herzustellen. Arbeitsfähige Menschen, so die ab dem 13. Jahrhundert verbreitete Ansicht, sollten ihren Lebensunterhalt besser durch Arbeit als mit Bettelei verdienen. Alsbald wurde auch zwischen unverschuldet in Not geratenen, in einem Gemeinwesen ansässigen Armen und den Nichtsesshaften oder Obdachlosen unterschieden. Während für erstere weiterhin Fürsorgemaßnahmen ergriffen wurden, sahen sich letztere ab dem 14. Jahrhundert unter die scharfe Aufsicht eines Bettelvogts gestellt und durften nur mit einem Abzeichen für begrenzte Zeit in einer Stadt betteln. Bettler zogen verstärkt den Verdacht des Betrugs auf sich; im 15. Jahrhundert kursierten Warnungen vor Tricks, mit denen Krankheiten und Behinderungen vorgetäuscht wurden. Armut geriet so in die Nähe der Kriminalität. Die Unterscheidung zwischen ‹guten› und ‹schlechten› Armen weist auf Entwicklungen der frühen Neuzeit voraus, in der Arme zwangsweise in Arbeitshäuser gesperrt wurden.

11. Was geschah mit Menschen, die sich nicht selbst versorgen konnten? Die Fürsorge für Alte, Kranke und Behinderte war weitgehend eine Aufgabe der Familie und des sozialen Umfelds; überdies galt Krankenpflege als eines der sieben Werke der Barmherzigkeit, deren Verrichtung bei vielen Heiligen gerühmt wird. Neben die familiäre Pflege traten bereits im Frühmittelalter die klösterlichen Spitäler. Ihre Aufgabe lag in der Sorge für alle Bedürftigen. Dazu zählten auch Pilger und Reisende, denen Mahlzeit und Unterkunft zur Verfügung gestellt wurden. Das Wachstum der Städte im Hochmittelalter führte zu zahlreichen Gründungen neuer Spitäler, da es hier aufgrund des veränderten sozialen Gefüges eine größere Anzahl Bedürftiger gab, die auf Hilfe von Fremden angewiesen waren. Initiiert wurden die Spitalgründungen oft von wohlhabenden Bürgern oder Adligen, die mit der Stadt verbunden waren, in vielen Fällen auch direkt vom Stadtrat. Zur Finanzierung waren die Spitäler auf Schenkungen, Stiftungen und Testamente angewiesen. Sie erhielten nicht nur Bargeld geschenkt oder gestiftet, sondern auch Wäsche, Möbel, Kleidung und Essen bis hin zu Ländereien, die regelmäßige Erträge abwarfen. Arme wurden in den Spitälern kostenlos versorgt. Vermögende konnten für sich oder Angehörige einen Platz dort erwerben. Sie gaben einen Teil oder auch ihr gesamtes Vermögen an das Spital und erhielten als Pfründner Unterkunft und Pflege, was eine beliebte Form der Altersvorsorge war. Neben Alten, Kranken und Armen wurden, bevor im 14. Jahrhundert spezielle Waisenhäuser entstanden, auch Waisen in die Spitäler aufgenommen. Menschen, die an ansteckenden Krankheiten wie Lepra oder Pest litten, kamen verständlicherweise nicht ins Spital, sondern in Siechenhäuser, die in einigem Abstand zu den Städten errichtet wurden, wobei auf die Isolation der Pesthäuser großer Wert gelegt wurde.

12. Welche Gruppen wurden ausgegrenzt? Randgruppen waren durch Berufstätigkeit, körperliche Auffälligkeit, Herkunft oder

Religion bestimmt. Sie wurden sozial isoliert, indem ihnen Schimpfnamen gegeben wurden, sie mußten Kleidung in Schandfarben tragen und durften nur in bestimmten Wohnlagen hausen. Die Ausgrenzung brachte für die Betroffenen teilweise oder vollständig den Verlust von Ehre und Rechten mit sich, doch wurde ihnen im allgemeinen nicht die Existenzberechtigung abgesprochen.

Wer keinen festen Wohnsitz hatte, mit Schmutz oder Blut verbundene Handlungen an Menschen und Tieren ausführte oder Tätigkeiten nachging, mit denen er sich ungerechtfertigt bereichern konnte, geriet leicht in die Ehrlosigkeit. Nicht nur Prostituierte und Henker übten unehrliche Berufe aus, auch fahrende Spielleute, Wundärzte, Bader und Bademägde, Barbiere, Schinder, Abdecker, Hundeschläger, Gassenfeger, Latrinenreiniger; mancherorts zählten überdies Leineweber, Zöllner und andere dazu. Auch für Personen mit auffälligen körperlichen Merkmalen, Schwachsinnige und psychisch Erkrankte sah das kirchliche und weltliche Recht Einschränkungen vor. Körperlich oder geistig Behinderte konnten nicht zu Priestern geweiht werden, Kleinwüchsige, Gelähmte und Lepröse weder erben noch ein Testament machen. Aus unterschiedlichen Gründen wurden Juden, Slawen («Wenden») sowie Sinti und Roma («Zigeuner») diskriminiert.

13. Welche Stellung hatten Juden? Juden werden im fränkischen Reich nördlich der Alpen erstmals 820 als Einwohner von Aachen genannt, für das ostfränkisch-deutsche Reich sind sie erstmals während der Synode von Erfurt 932 erwähnt. Vereinzelte frühere Erwähnungen von Juden, etwa bei dem fränkischen Geschichtsschreiber Gregor von Tours im 6. Jahrhundert, beziehen sich wohl auf Kaufleute, die aus dem Mittelmeerraum in den Norden reisten, ohne dort seßhaft zu werden. Ab dem 9. Jahrhundert entwickelten sich jüdische Gemeinden im fränkischen Reich und in seinen Nachfolgestaaten sowie den östlich und südlich angrenzenden Ländern. Die Bezeichnung Aschkenasim wird für diese Juden erst ab dem 14. Jahrhundert üblich. Die aschkenasischen Juden lebten im 9. und 10. Jahrhundert größtenteils an den Zentren königlicher Herrschaft, später allgemein in Städten, und waren überwiegend als Fernhändler tätig. Bis zum späten 11. Jahrhundert genossen sie wegen ihrer guten Kontakte zu Juden in islamischen Gebieten und den dadurch sich ergebenden Handelsmöglichkeiten Vorteile. Ab dem

12. Jahrhundert wurden die Aschkenasim aufgrund der Einschärfung des kirchlichen Zinsverbots für Christen zunehmend im Geldgeschäft tätig. Sie waren jedoch nicht nur Kaufleute, Trödler und Pfandleiher, es gab lange Zeit unter ihnen auch Getreide- und Viehhändler, Schausteller und Wandermusiker. Erst im Spätmittelalter mußten sie sich auf das Geldgeschäft beschränken. Jüdische Ärzte standen allerdings bis zum Ende des Mittelalters auch in der christlichen Umwelt in hohem Ansehen. Obwohl die jüdische Bevölkerung im deutschen Reich besonders im 13. Jahrhundert stark anwuchs, waren die Gemeinden immer relativ klein und überstiegen selten 1000 Mitglieder.

Grundlage des mittelalterlichen Judenrechts waren die von Kaiser Theodosius 438 und Kaiser Justinian 534 erlassenen Gesetzeswerke, die den Juden Duldung und Schutz zusicherten, einen Übertritt von Christen zum Judentum jedoch verhindern wollten. Kirchliches und weltliches Judenrecht entwickelten sich teilweise widersprüchlich nebeneinander, und es gelang nur bedingt, die Juden vor Übergriffen zu schützen. So kam es bis zum Ende des Mittelalters immer wieder zu Zwangstaufen, obwohl die Erhaltung der Juden aus theologischen Gründen erwünscht war, da sie als lebender Wahrheitsbeweis für die Evangelien galten. Die Lage der Juden war seit dem Hochmittelalter prekär. Der religiös bedingte Antijudaismus, der auch soziale und wirtschaftliche Ursachen hatte, erreichte mit den Kreuzzügen einen ersten Höhepunkt. Der Judenschutz der Obrigkeit versagte zuerst im Vorfeld des Ersten Kreuzzugs gegenüber den Haufen des sogenannten Volkskreuzzugs, dem zahlreiche Juden zum Opfer fielen. Friedrich II. erließ 1236 ein Gesetz für alle Juden des Reichs, in dem diesen Schutz, Autonomie der Gemeinden und Religionsausübung gewährt wurden. Er erklärte sie zugleich zu «kaiserlichen Kammerknechten», was ursprünglich den Schutz der Juden verstärken sollte, von späteren Herrschern aber zur Steigerung ihrer Einnahmen aus den Abgaben der Judengemeinden benutzt wurde. Die Juden des Mittelalters waren nie rechtlos, dennoch versagte der Judenschutz immer in Zeiten politischer Unruhen oder allgemeiner Krisen. Ihre Situation als Randgruppe äußerte sich im Spätmittelalter in der Errichtung von Judenvierteln und der Verpflichtung zum Tragen bestimmter Zeichen. Die Beschuldigungen des Ritualmordes, der Vorwurf der Hostienschändung und die verbreitete Legende der Brunnenvergiftung gefährdeten die Stellung der Juden im 14. und 15. Jahrhundert. Im deutschen Reich führten Pogrome im Umfeld der Pest des 14. Jahrhunderts zur Vernichtung zahlreicher Judengemeinden. Mit den großen Vertreibungen der Juden aus England (1290), Süditalien (1294, 1492), Frankreich (1306, 1394), Spanien (1391, 1492) und Portugal (1497) endet die Existenz der Juden des Mittelalters in diesen Ländern. Die durch diese Ausweisungen ausgelöste Wanderung der Juden führte die Mehrheit von ihnen nach Osteuropa, ins Osmanische Reich und wenige ins Heilige Land.

14. Wurden Konflikte immer mit Gewalt gelöst? Das finstere Mittelalter gilt als gewalttätiges Zeitalter, in dem Konflikte aus nichtigen Anlässen ausbrachen und ohne rechtliche Grundlage gewaltsam gelöst wurden. Ob die Gesellschaft allgemein gewalttätiger war als heute, wie oft angenommen wird, ist schwer abzuschätzen. Festzuhalten bleibt, daß Friede kein selbstverständlicher Zustand war, sondern eigens hergestellt werden mußte und ohne die eidliche Selbstverpflichtung von Fürsten und Städten kaum durchgesetzt werden konnte. Fehden kamen bis in die frühe Neuzeit häufig vor. Die Gottesfrieden des 11. Jahrhunderts oder die von den deutschen Königen ab dem beginnenden 12. Jahrhundert verkündeten Landfrieden, welche die Fehde zu beschränken und Übergriffe auf schutzlose Personengruppen zu verhindern suchten, hatten nur begrenzten Erfolg. Die Landfrieden des Hochmittelalters betonten die Verantwortung der königlichen Gerichtsbarkeit und stärkten die Position der öffentlichen Gewalt durch scharfe Strafandrohungen gegen Friedensbrecher. Außerhalb dieser Friedensgebote blieben aber Fehden als notwendiges und legales Mittel zur Selbsthilfe anerkannt. Zur Fehdeführung war bis ins Spätmittelalter jeder freie Mann berechtigt. Bei der Fehde sollte der Besitz des Gegners geschädigt werden, zum Beispiel durch Brandschatzungen von Dörfern, Viehraub und Überfälle. So hatten vor allem die unbeteiligten Bauern den Schaden. Ankündigung und Ablauf der Fehde waren jedoch strengen Regeln unterworfen. Seit dem Hochmittelalter bedurfte es eines allgemein anerkannten Anlasses, um eine «rechte Fehde» ansagen zu können; diese Ansage hatte schriftlich in bestimmten Formen zu erfolgen. War der Konflikt einmal ausgebrochen, wurde Zeit für Verhandlungen gelassen, und es wurde durch Vermittlung Dritter nach Lösungen gesucht, wofür materielle

Entschädigungen und die Bedingungen der Aussöhnung oder Unterwerfung ausgehandelt werden mußten.

Es gab eine Vielzahl von Instanzen, die vermittelnd und friedenstiftend tätig werden konnten, wie etwa von den Konfliktparteien angerufene Schiedsgerichte, städtische und dörfliche Kommissionen oder auch Einzelpersonen; einige spätmittelalterliche Bußprediger etwa machten sich besonders die Friedenstiftung in den von Blutrache heimgesuchten italienischen Kommunen zur Aufgabe. Die gütliche Beilegung von Konflikten aller Art war gesellschaftlich hoch angesehen.

15. Wer entschied, was recht/Recht war? Das weltliche Recht regelte Rechtssachen unter Laien, das heißt Nichtklerikern. Bis ins Hochmittelalter war überwiegend mündlich überliefertes Gewohnheitsrecht Grundlage der weltlichen Rechtsprechung. Recht galt nicht territorial, sondern jeweils für bestimmte Personengruppen, die sich nach Herkunft und/oder Stand definierten. In ein und demselben Gebiet lebende Menschen konnten so unter unterschiedliche Rechtsnormen gestellt sein. Die Rechtsfindung war weitgehend ein Ergebnis gemeinschaftlicher Überzeugung, da Recht als eine von Gott vorgegebene Ordnung galt, die gefunden werden mußte, was Änderungen nicht ausschloß. Ausdruck dieses Rechtsverständnisses sind die vom Frühmittelalter bis in die frühe Neuzeit zahlreich erhaltenen Weistümer, in denen rechtskundige Männer der jeweiligen Gerichtsgemeinschaft Auskunft über den Rechtszustand gaben. Damit Recht hergestellt werden konnte, mußte die Allgemeinheit sehen und hören können, was geschah, es mußten die richtigen Worte und Formeln gesprochen, Gesten ausgeführt, Symbole gezeigt werden.

Für Kleriker galt auch in den Germanenreichen überall das römische Recht. Die Kirche entwickelte parallel dazu eigene Rechtsnormen, deren Geltung sie beim Zerfall des römischen Reichs für alle Christen durchzusetzen suchte. Kleriker und kirchliche Institutionen blieben weltlicher Gerichtsbarkeit entzogen. Das kirchliche oder kanonische Recht galt aber nicht allein für sie, es beanspruchte auch viele Kompetenzen, die heute in den staatlichen Bereich fallen, etwa in Fragen der Ehe, durch Zinsverbot und bei Meineid. Seit dem 11. Jahrhundert strebten die Päpste nach Vereinheitlichung und stärkerer Ausrichtung nach Rom, und sie

Abb. 3: Der Beginn des Sachsenspiegels legt dar, daß Gott selbst der Ursprung allen Rechts ist. Zuerst erfleht der Verfasser des Rechtsbuchs den Beistand des Heiligen Geistes, dann werden die göttliche Beauftragung der weltlichen Herrscher als Richter, die Schöpfung des Menschen und der Sündenfall gezeigt. Bei den einzelnen Bildern dieser Handschrift aus dem 3. Viertel des 14. Jahrhunderts verweisen Großbuchstaben auf die entsprechenden Abschnitte in dem danebenstehenden Text.

nahmen für sich in Anspruch, jederzeit neue Gesetze erlassen zu können. Ein aus Zitaten der Heiligen Schrift und der Kirchenväter, Synodalbeschlüssen und päpstlichen Entscheidungen bestehender Kern des Kirchenrechts wurde im frühen 12. Jahrhundert zusammengefaßt und bildete bis ins 20. Jahrhundert die Basis der Gesetzbücher der katholischen Kirche.

Auch im weltlichen Bereich wurde seit dem Hochmittelalter die Gesetzgebung zunehmend in die Kompetenz des Herrschers – des Kaisers oder Königs, dann auch der Landesherren – gestellt. Daneben nahm die Statutengesetzgebung durch Städte, Landgemeinden und andere Korporationen einen Aufschwung, und zudem kam es seit dem 13. Jahrhundert zu weitgehender Normierung des nunmehr gesammelten und niedergeschriebenen Gewohnheitsrechts, das damit auch breitere Gültigkeit beanspruchen konnte. Die bekanntesten deutschen Rechtsbücher dieser Zeit sind der Sachsenspiegel (1220–1235) und der Schwabenspiegel (um 1275/6).

Zur Verwirklichung weltlichen Rechts verlieh der König als oberster Gerichtsherr die Gerichtsbarkeit an Grafen und Schultheiße, in der Praxis bildete sich aber eine eigenständige adlige und städtische Gerichtsbarkeit heraus. Das seit dem ausgehenden 11. Jahrhundert wieder entdeckte römische Recht begann im Spätmittelalter die Grundlagen der gesellschaftlichen Ordnung zu verändern, denn seine Etablierung als Lehrfach an den Universitäten führte zu einer Professionalisierung des Juristenstandes. Spezialisten wurden benötigt, da Recht und Verwaltung immer komplexer wurden. An die Stelle mündlich und durch Herkommen fixierter Rechtsvorstellungen trat allmählich das verschriftlichte Recht, dessen Kenntnis und Auslegung die Rechtsfindung ermöglichte.

D

Politische Ordnungsformen

16. Warum prügelten sich Geistliche in der Kirche? Im Basler Münster kam es während des dort tagenden Konzils zu dramatischen Szenen. Die kastilische Gesandtschaft prügelte die Vertreter Englands von ihren Plätzen in der Nähe des Hochaltars, um sich selbst dorthin zu setzen; Wunden und Knochenbrüche wurden in Kauf genommen. Der englisch-kastilische Sitzstreit des 15. Jahrhunderts war kein kurioser

Einzelfall. Im 11. Jahrhundert forderte ein Handgemenge zwischen Klerikern um den Platz zur Rechten König Heinrichs IV. sogar Todesopfer. Handgreiflichkeiten in der Kirche würde heute sicher niemand von Geistlichen erwarten. Doch im Mittelalter wurden soziale und politische Ordnung in öffentlichen Handlungen demonstriert, die unter dem Begriff «symbolische Kommunikation» zusammengefaßt werden. Der Platz bei Messen, Sitzungen und Prozessionen war eines der augenfälligsten Merkmale, um die Position des Teilnehmers im größeren Gefüge darzustellen.

Seit dem Frühmittelalter lassen sich differenzierte Formen symbolischer Kommunikation nachweisen. Das Zeremoniell des herrscherlichen Einzugs etwa bot eine gemeinsam mit den Untertanen inszenierte rituelle Demonstration von Macht und Großzügigkeit des Einziehenden, deren Elemente sich bis weit in die Neuzeit hinein finden. Symbolische Handlungen drückten gesellschaftliche Ordnung nicht nur aus, sondern stellten sie auch her. Sie sind in den Quellen meist nur beschrieben, nicht aber erklärt, denn die Schreiber gingen davon aus, daß dem Leser die Bedeutung der beschriebenen Vorgänge bekannt war. Relativ eindeutig waren in ihrem symbolischen Gehalt beispielsweise Unterwerfungsrituale, bei denen der Unterlegene als reumütiger Sünder, etwa barfuß und im Büßerhemd, auftrat.

Besondere Probleme ergaben sich, wenn Personen mit annähernd gleich großem Machtanspruch aufeinander trafen. Die Begegnungen von Papst und Kaiser, beide Vertreter universaler göttlicher Macht auf Erden, warfen immer die Frage von Über- oder Unterordnung einer Seite auf. Streitigkeiten über traditionelle Ehrbezeugungen für den Papst, vor allem den Stratordienst, bei dem der Kaiser dem Papst den Steigbügel hielt, begleiteten die Vorbereitung aller Treffen. Der Ablauf der Rituale wurde auf der Basis von Tradition und aktueller politischer Lage ausgehandelt.

Ordnung wurde nicht nur in Handlungen, sondern auch materiell zum Ausdruck gebracht. Insignien oder Herrschaftszeichen hoben ihren Träger im Zeremoniell heraus und machten seine Bedeutung kenntlich. Die Reichsinsignien, die neben Kronen, Szeptern und Reichsäpfeln eine Fülle an Kleidungsstücken, Schwertern und Reliquien umfassen, zeigen, wie Herrschaftszeichen im Laufe der Zeit eine eigene, von reeller Macht unabhängige Verehrung erfahren konnten.

In einer Gesellschaft ohne weitreichende schriftliche Informationsmedien war der visuelle Eindruck entscheidend. Wer seinen Anspruch immer wieder in öffentlichen symbolischen Handlungen und bekannten Ritualen ausdrückte, konnte ihn damit auch durchsetzen. Das einvernehmliche Zusammenwirken der beteiligten Personen war dabei eine wichtige Voraussetzung für das Gelingen symbolischer Kommunikation.

17. Was war das Lehenswesen? Das Lehenswesen beruhte auf der Verbindung, die ein freier Mann mit einem Herrn einging, in dessen Dienst er sich begab. Der Mann verpflichtete sich, seinem Herrn mit Rat und Hilfe zur Seite zu stehen, und erhielt im Austausch ein Lehen *(beneficium)*, meist ein Stück Land, das ihn versorgen sollte. Der Herr war seinerseits verpflichtet, ihm Schutz und Schirm zu gewähren. Eine rituelle Zeremonie, die den Handgang, bei dem der Lehensmann seine gefalteten Hände in die Hände des Lehensherrn legte, einen Treueid und die Investitur mit dem Lehen umfaßte, begründete die Verbindung von Lehensmann und Lehensherr.

In der heutigen Forschung wird zunehmend betont, daß das Lehenswesen zeitlich und lokal unterschiedlich ausgeformt war. Es entstand aus der spätantiken Klientelbildung und der Kriegergefolgschaft größerer Herren. Die Verbindung von persönlichem Dienst und Übertragung eines Lehens setzte sich bis zum 9. Jahrhundert durch. In der Karolingerzeit wurde das Lehenswesen von den Herrschern genutzt, um alle Herrschaft auf den König hin auszurichten. Doch bereits in dieser Zeit war es nicht die einzige Form sozialer Bindung und Ordnung; als wichtigste Alternative sind verwandtschaftliche Beziehungen zu nennen. Auch schwächte die Erblichkeit von Lehen den Zugriff des Herrn. Die Verschriftlichung der Lehensverhältnisse in Urkunden und Gesetzbüchern brachte im 12. Jahrhundert einen entscheidenden Einschnitt. Bis ins Spätmittelalter blieb das Lehenswesen für die Durchsetzung politischer Ansprüche grundlegend; allerdings vereinfacht das beliebte Bild der Lehenspyramide in unzulässiger Weise die komplizierten Rechtsverhältnisse.

Im Englischen und Französischen wird das Lehenswesen, abgeleitet vom lateinischen *feudum*, gewöhnlich als *feudalism* oder *féodalisme* bezeichnet; im Deutschen schwingt in dem Begriff «Feudalismus» ein aus dem Marxismus stammender ideologischer Unterton mit.

Als Synonym für Lehenswesen ist «Feudalismus» problematisch, da nicht nur die Beziehungen zwischen Freien, sondern auch die Unterdrückung unfreier Bauern oder sogar Abhängigkeitsverhältnisse jeglicher Art damit gemeint sein können.

18. Wodurch unterschied sich der Kaiser von einem König? Das Königtum des Mittelalters entwickelte sich aus germanischen Traditionen. Die deutschen Könige wurden in einer Mischung aus fürstlichem Wahl- und dynastischem Erbrecht bestimmt. Kaiser hingegen durfte sich nur nennen, wer vom Papst gesalbt und gekrönt worden war. Mit Karl dem Großen, der 800 in Rom erhoben wurde, trat zum ersten Mal nach über drei Jahrhunderten dem in Konstantinopel residierenden Kaiser wieder ein westlicher Kaiser gegenüber. Die byzantinischen Kaiser waren nur selten bereit, die westliche Kaiserwürde anzuerkennen. Das Wiederaufleben des Kaisertums im Westen und seine Bindung an das fränkische und später das deutsche Königtum erforderten eine Begründung, die in Lehren aus der christlichen Spätantike gefunden wurde. Ihnen zufolge reihten sich in der Geschichte vier Weltreiche aneinander, das babylonische, das medisch-persische, das griechische und das römische Reich, das bis zum Ende der Zeiten dauern sollte; überdies könne Gott das *imperium*, die Herrschaft über das römische Reich, auf verschiedene Völker übertragen (*translatio imperii*).

Mitte des 9. Jahrhunderts entstand daraus die Vorstellung, das römische Kaisertum sei von den Byzantinern auf die Franken übertragen worden. Die Ottonen begründeten ihren Anspruch auf den Kaiserthron, den Otto I. 962 bestieg, mit einer weiteren *translatio* von den Franken auf die Sachsen. Während des Investiturstreits titulierte Papst Gregor VII. (1073–1085) seinen Gegner als «König der Deutschen», womit er dessen Anspruch auf das Kaisertum und den Vorrang vor anderen Königen ablehnte. Fortan nannten sich die deutschen Könige stets «Könige der Römer», um ihr Anrecht auf die Kaiserkrone auszudrücken. Die Kaiserkrönung brachte keine konkrete Machterweiterung, vielmehr bildete die Stellung als deutscher König und oberster Lehnsherr im Reich die Basis der kaiserlichen Macht. Dennoch waren mit dem Kaisertitel in Erinnerung an das römische Reich Ansprüche auf die Hegemonie im Abendland verbunden. Kaiser zu sein verhieß einen Zuwachs an ideeller Autorität. Sie konnte politisch genutzt werden, denn das Kaisertum war

Abb. 4: Albrecht Dürer (1471–1528) schuf mit diesem Tafelbild ein Idealbildnis Kaiser Karls des Großen, der «das römische Reich den Deutschen untertänig machte», wie die Inschrift auf dem Rahmen verkündet. Die Wappen kennzeichnen Karl als Stammvater des römisch-deutschen und des französischen Königtums. Die dargestellten Gegenstände aus dem angeblichen Ornat Karls des Großen – Reichskrone (10./11. Jahrhundert), Mantel Rogers II. (12. Jahrhundert), Reichsapfel (12. Jahrhundert), Reichsschwert (14. Jahrhundert), Adlerdalmatika und Adlerstola (14. Jahrhundert) – werden heute zusammen mit den übrigen Reichsinsignien in Wien aufbewahrt.

von einer sakralen Aura umgeben: Papst und Kaiser galten als die beiden obersten Mächte der Christenheit. Seit dem Ende des 12. Jahrhunderts versuchten die Päpste, ihren Anspruch einer Überprüfung der deutschen Königswahl (Approbation) durchzusetzen, um auf diese Weise den künftigen Kaiser zu bestimmen. Sie scheiterten damit im 14. Jahrhundert endgültig. Rom war zuletzt 1452 bei Friedrich III. Krönungsort; der letzte Kaiser, der vom Papst gekrönt wurde, allerdings in Bologna, war Karl V. (1530). In der Neuzeit fand die Erhebung zum Kaiser ohne päpstliche Mitwirkung in Frankfurt statt.

Im Hochmittelalter regte sich in den westeuropäischen Königreichen Kritik an einer allein durch das Kaisertum begründeten europäischen Vorrangstellung der Deutschen. Französische Juristen wiesen die Überordnung des Kaisers zurück, indem sie die unbeschränkte, ja kaisergleiche Hoheit ihres Königs im eigenen Land betonten. Der Anspruch auf die Kaiserwürde verlieh dem politischen Denken der Deutschen einen übernationalen Horizont, was aus der Sicht des 19. Jahrhunderts als ein Zurückbleiben hinter den Reichen Westeuropas gedeutet wurde, seit dem Zweiten Weltkrieg im Zuge einer europäischen Orientierung der Bundesrepublik aber eher positiv gesehen wird. Bis zum Ende des Alten Reichs im Jahr 1806 gab es ausschließlich römische Kaiser. Ein deutscher Kaiser wurde erstmals 1871 bei der Gründung des kleindeutsch-preußischen Reichs erhoben.

19. Seit wann gibt es das Heilige römische Reich deutscher Nation? Die Bezeichnung Heiliges römisches Reich deutscher Nation (*Sacrum Imperium Romanum Nationis Germanicae*) existiert erst seit dem ausgehenden 15. Jahrhundert. Seit den Zeiten Karls des Großen wurde das westliche Kaiserreich für die unmittelbare Fortsetzung des antiken römischen Reichs gehalten. Das mittelalterliche römische Kaiserreich setzte sich zusammen aus dem deutschen, dem italischen und dem burgundischen Königreich, das 1033 durch den Salier Konrad II. erworben wurde. Erst im 12. Jahrhundert verwendete die Kanzlei des Staufers Friedrich I. Barbarossa in Aufnahme spätantiker Kaisertitulaturen das Adjektiv «heilig» für das Reich. Diese Reaktion auf den sogenannten Investiturstreit, in dem die sakrale Aura des Kaisertums stark gelitten hatte, sollte die Erhabenheit des Kaiserreichs und seine Verankerung in der Heilsgeschichte ausdrücken. Als es nach dem Untergang der Staufer fast siebzig Jahre lang keinen Kaiser mehr gab, verfocht der deutsche Kleriker Alexander von Roes in der zweiten Hälfte des 13. Jahrhunderts die Theorie, die drei Mächte Europas müßten auf die wichtigsten Nationen verteilt sein: den Deutschen stehe das Kaisertum, den Italienern das Papsttum und den Franzosen die Wissenschaft zu. Damit wollte er das Kaisertum als gottgewollten Besitz der Deutschen retten. Aber erst im dritten Viertel des 15. Jahrhunderts wurde die deutsche Nation dem Reichstitel hinzugefügt. Anders als es auf den ersten Blick scheinen könnte, ist dies kein Ausdruck einer auftrumpfenden deutschen Kaiserideologie. Es war sogar ursprünglich eine Einschränkung, die Gebiete außerhalb des deutschen Reichs, wie Reichsitalien, Böhmen oder französischsprachige Teile, ausklammern sollte. Der Begriff «Nation» war zu dieser Zeit vor allem aus der Organisation der Universitäten bekannt, wo er landsmannschaftliche Zusammenschlüsse bezeichnete.

20. Wer durfte wählen? Freie, gleiche und geheime Wahlen, die einer Mehrheitsentscheidung dienen, sind eng mit dem modernen Demokratieverständnis verbunden. Wahlen gab es bereits im Mittelalter, doch wurde bis zum 12. Jahrhundert Einstimmigkeit als Ergebnis angestrebt, denn nur in ihr wurde der Wille Gottes vermutet. Oft schloß sich die unterlegene Seite deshalb freiwillig der gefaßten Entscheidung an. Der Sieg der zahlenmäßigen Mehrheit war nicht selbstverständlich, da nach damaligem Verständnis der «vernünftigere Teil» entscheiden sollte. Seit dem 13. Jahrhundert setzte sich das aus der Antike überlieferte Mehrheitsprinzip durch. Dafür mußte die Gruppe der Wahlberechtigten eindeutig festgelegt sein, was etwa durch die Bestellung von Wahlmännern zu erreichen war. Gewählt wurde in vielen Gemeinschaften, wie Klöstern oder Städten, in bisweilen überaus komplizierten Wahl- und Losverfahren.

Die beiden bekanntesten Gruppen von Wahlberechtigten sind im Mittelalter die Wähler des deutschen Königs und die Wähler des Papstes. Der König wurde lange Zeit durch eine unbestimmte Gruppe von «Großen» des Reiches gewählt, unter denen besonders Mächtige einen Vorrang erwarben. Die Menge der Wahlberechtigten wurde «Volk» *(populus)* genannt; ihr kam nur die nachträgliche Zustimmung zur Entscheidung der Wahlführer per Zuruf (Akklamation) zu. Seit dem Interregnum verengte sich die Gruppe der

Fürsten, deren Zustimmung zur Königserhebung nötig war. In der Goldenen Bulle von 1356 schließlich bestimmte Karl IV. die sieben Kurfürsten als Königswähler, nämlich die Erzbischöfe von Köln, Mainz und Trier, den Pfalzgrafen bei Rhein, den Markgrafen von Brandenburg, den Herzog von Sachsen und den König von Böhmen. Diese Regelung blieb mit wenigen Änderungen bis zum Ende des Alten Reiches 1806 bestehen.

Eine ähnliche Kontinuität, die sogar bis zur Gegenwart reicht, ergab sich in der Papstwahl. Der Papst wurde als Bischof von Rom zunächst wie alle Bischöfe von Klerus und Volk seiner Diözese gewählt. Im Frühmittelalter entschieden die römischen Adelsfamilien über die Besetzung des Heiligen Stuhls. Ein Papstwahldekret räumte 1059 den Kardinälen das Recht ein, als erste abzustimmen. Im Jahr 1179 wurde dann das Mehrheitsprinzip, nach dem zwei Drittel der Stimmen den Wahlsieg brachten, in dem nur noch auf die Kardinäle beschränkten Wahlkollegium eingeführt.

21. Wie regierte der König? Im fränkischen und später deutschen Reich gab es keine Hauptstadt, es gab allenfalls Orte und Regionen, wo sich die Könige öfter und länger als anderenorts aufhielten. Dies hing mit politischen und wirtschaftlichen Bedingungen zusammen. Die Könige regierten, indem sie im Reich umherreisten, wobei ihnen Königshöfe und Pfalzen, im 10. und 11. Jahrhundert auch Bischofssitze und Reichsklöster, als Aufenthaltsorte dienten. Der vom lateinischen *palatium* (Palast) abgeleitete Begriff Pfalz bezeichnet einen repräsentativen Gebäudekomplex, zu dem eine Kirche und ein Wirtschaftshof gehörten, dessen Verwalter die für den königlichen Aufenthalt eingelieferten Abgaben (Servitien) sammelte. Besonders lange oder oft wurden z. B. Aachen unter Karl dem Großen, Quedlinburg unter den Ottonen, Goslar unter den Saliern und Hagenau im Elsaß unter den Staufern aufgesucht. Am wichtigsten waren jene Pfalzen, an denen die Herrscher wiederholt die kirchlichen Hochfeste Weihnachten und Ostern feierten. Es wurde erwartet, daß der König sich nach seiner Wahl auf einer Rundreise («Umritt») vorstellte und danach seine Herrschaft immer wieder durch persönliche Anwesenheit zur Geltung brachte. Als Konrad II. 1024 als erster König aus der Dynastie der Salier gewählt wurde, unternahm er einen fast zwei Jahre dauernden Umritt durch das Reich. Die Pfalzen verloren nach dem Untergang der Staufer für

Abb. 5: Die sieben Kurfürsten sitzen hier im Redegestus auf einer Bank; sie haben soeben Heinrich VII. als ersten römisch-deutschen König aus der Familie der Luxemburger erhoben. Alle tragen Gewänder, deren Schultern von einem Pelzüberwurf bedeckt sind; die drei geistlichen Kurfürsten sind darüber hinaus durch ihre Käppchen gekennzeichnet. Die Wappen über ihren Köpfen identifizieren sie als die Erzbischöfe von Köln, Mainz und Trier, den Pfalzgrafen bei Rhein, den Herzog von Sachsen, den Markgrafen von Brandenburg und den König von Böhmen. Die Miniatur stammt aus der Bilderchronik, die der Erzbischof von Trier nach dem Tod seines Bruders Heinrich VII. (1313) anfertigen ließ.

die königliche Herrschaftspraxis an Gewicht, statt dessen traten Reichsstädte wie Nürnberg oder Frankfurt in den Vordergrund. Bis zum Ende des Mittelalters blieb die Erwartung bestehen, daß die Könige sich im Reich zu zeigen hätten. Allerdings entschwand Norddeutschland während des 14. Jahrhunderts langsam ihrem Horizont; der letzte mittelalterliche König, der bis nach Lübeck kam, war Karl IV. (1346–1378).

Der König bereiste das Reich in Begleitung seines Hofs, der die Alltagsgeschäfte für ihn organisieren sollte, zugleich aber bei festlichen Gelegenheiten glanzvoller Repräsentation diente. Ein Kern des Hofs bestand aus den ständig anwesenden Angehörigen der Hofkapelle und Kanzlei sowie den Inhabern der weltlichen Hofämter (Kämmerer, Mundschenk, Marschall, Seneschall und andere) samt ihrem Dienstpersonal. Die Kanzlei, die für die Urkundenausfertigung zuständige Institution, begann sich im 12. Jahrhundert von der Hofkapelle zu trennen, die an Bedeutung verlor. Beide Einrichtungen wurden nominell durch den Erzbischof von Mainz geleitet. Im Spätmittelalter war das wichtigste Gremium, das den König bei seinen Regierungsgeschäften unterstützte, der Hofrat, in den neben adligen und geistlichen Räten im 15. Jahrhundert auch immer mehr juristisch gebildete bürgerliche Räte aufgenommen wurden. Zu diesem Kern traten in wechselnder Zusammensetzung weitere weltliche und geistliche Große, die an den in ihrer Nähe durchreisenden Hof kamen, Hoftage besuchten oder sich aus anderen Gründen nur zeitweise am Hof aufhielten.

22. Wer durfte mitregieren? Seit dem 8. Jahrhundert setzten Könige ihrem Titel ein «von Gottes Gnaden» (*dei gratia*) hinzu, doch waren mittelalterliche Herrscher weit davon entfernt, ihr Gottesgnadentum im Sinne einer absolutistischen Alleinregierung zu verstehen. Könige waren immer auf den Konsens der adligen Führungsschicht angewiesen, und Herrscher, die dies mißachteten, hatten mit schweren Auseinandersetzungen zu rechnen. Die dann ausbrechenden Kämpfe als «Aufstände» zu bezeichnen, ist angesichts der mittelalterlichen Herrschaftsstrukturen häufig verfehlt. Früh- und hochmittelalterliche Könige holten Rat und Hilfe der Großen ein, indem sie in unregelmäßigen Abständen Hoftage einberiefen, um anliegende Probleme behandeln zu lassen. Diese Versammlungen wurden formlos abgehalten und dienten den Königen auch dazu, im Einklang mit den Besuchern des Tages ihre Herrschaft glanzvoll zu repräsentieren. Wer nicht einverstanden war, zeigte seinen Unwillen durch Fernbleiben. Am Beginn des 15. Jahrhunderts gewannen die Kurfürsten gegenüber den Königen an Bedeutung, mehrfach wurden königslose Tage abgehalten, und es wurde auf Tagen in Anwesenheit des Königs Opposition laut. Seit wann von «Reichstagen» gesprochen werden kann, ist umstritten. Jedenfalls wurden Reichstage im Spätmittelalter zu Versammlungen, auf denen sich das Reich in seinen Ständen repräsentierte und dem König gegenübertrat. Im Laufe des 15. Jahrhunderts wurde im Zusammenhang mit den Plänen einer Reichsreform der ständische Mitbestimmungsanspruch immer deutlicher geäußert. Unter Ständen im politischen Sinn sind Großgruppen zu verstehen, die Teilhabe an der Herrschaft beanspruchen. Zu den Reichsständen gehörten die Kurfürsten, die geistlichen und weltlichen Reichsfürsten, Prälaten, Grafen und Herren sowie die Reichsstädte. Sie verstanden sich als Glieder des Reiches und waren ab 1489 in drei Kollegien gegliedert. Die Kurfürsten und Fürsten nahmen ihr Stimmrecht auf den Reichstagen in Form von Virilstimmen wahr, das heißt sie hatten Einzelstimmrecht, während die anderen nur über Kuriatstimmen verfügten, das heißt als Gruppe gemeinsam stimmten. Die Reichsstädte wurden zwar seit dem Reichstag von Worms 1495 regelmäßig eingeladen, bekamen aber erst etwa ein Jahrhundert später Stimmrecht. Die Gruppen saßen bei den Reichstagen auf «Bänken», was an der original erhaltenen frühneuzeitlichen Möblierung des Reichstagssaals im Rathaus zu Regensburg gut zu erkennen ist.

23. Wie war es um den politischen Einfluß von Frauen bestellt?

Für Frauen waren die Möglichkeiten, öffentlich zu agieren, sehr eingeschränkt, aber das bedeutet nicht, daß die Frauen der Führungsschichten keine politischen Spielräume gehabt hätten. Es ist dabei zu bedenken, daß politische und private Sphäre keineswegs im heutigen Sinn getrennt waren. Der politische Einfluß von Frauen bemaß sich weithin nach der Rolle, die sie innerhalb der Familie spielten, und nach der Position, die sie gegenüber den männlichen Familienangehörigen einnahmen. So räumen geistliche Autoren in der Missionierungsphase zwischen Spätantike und Frühmittelalter Frauen in den Germanenreichen eine bedeutende Vermittlerfunktion für die Verbreitung des Christentums ein. Auch finden sich über das ganze Mittelalter hinweg Frauen, die als Vermittlerinnen von Heiraten auftraten – in der damaligen Gesellschaft eine hochpolitische Angelegenheit – oder die Pflege diplomatischer Beziehungen übernahmen. Ein berühmtes Beispiel hierfür ist Bertrada (†783), die Mutter Karls des Großen. Einflußmöglichkeiten eröffneten sich für Fürstinnen oder Königinnen, wenn sie zu ihrem Ehemann ein nahes Verhältnis aufbauen konnten. Dies zeigt sich etwa, sobald in Königsurkunden erwähnt wird, daß der betreffende Akt auf Bitten der Königin zustande gekommen sei. Es finden sich auch Beispiele regierender Frauen, allerdings waren diese Fälle meist darauf zurückzuführen, daß erwachsene männliche Angehörige ausfielen oder längere Zeit nicht zugegen waren. Dazu gehören die Vormundschaften der Kaiserinnen Theophanu (†991) und Adelheid († 999) für Otto III. im 10. Jahrhundert und der Kaiserin Agnes († 1077) für Heinrich IV. im 11. Jahrhundert. Die größten Chancen auf Eigenständigkeit hatten Frauen, die als Erbtöchter oder Witwen ohne näheren männlichen Anhang über ein Territorium verfügten. Dies gilt für die Markgräfin Mathilde von Tuszien (1046–1115), die über ausgedehnte Besitzungen in Oberitalien gebot. Konstanze, die Erbin des Normannenreichs, verwies nach dem Tod ihres Mannes, Kaiser Heinrichs VI. († 1197), viele seiner deutschen Lehensleute aus Unteritalien. Königin Isabella von Kastilien (1451–1504) versuchte ihren Mann Ferdinand von Aragon in Kastilien im Status eines Prinzgemahls zu halten. Seit dem Hochmittelalter führten Einschränkungen für Frauen innerhalb der Kirche zum Auftreten von Seherinnen, die dank ihrer übernatürlich inspirierten Eingebungen an der kirchlichen Hierarchie vorbei politische Botschaften verkündeten, so etwa Birgitta von Schweden (1303–1373) und Katharina von Siena (1347–1380). Beide setzten sich auf der höchsten politischen Ebene für Kirchenreformen, Friedensvermittlung und die Rückkehr des Papsttums von Avignon nach Rom ein. Insgesamt scheint es, daß für die politischen Handlungsmöglichkeiten von Frauen neben regional unterschiedlichen Traditionen auch Interesse und Eignung der Frauen selbst von Belang waren.

24. Wie entstanden die Herzogtümer? Herzöge hatten im fränkischen und deutschen Reich eine vom König verliehene regionale Herrschaftsgewalt inne, die im Frühmittelalter vorwiegend militärischer Art war und im Laufe der Zeit auch Aufgaben der Gerichtsbarkeit und der inneren Friedenswahrung umfaßte. Als die merowingischen Könige an Macht verloren, bildeten sich in den Regionen der Bayern, Alemannen, Franken und Sachsen Stammesherzogtümer heraus, deren Inhaber eine eigenständige Herrschaft beanspruchten, die sich auf ihren Rückhalt bei den einheimischen großen Familien stützte. Starke Könige wie Karl der Große (768–814) oder Otto I. (936–973) versuchten stets, die Selbständigkeit der Herzöge zu mindern und die Herzogtümer als Ämter zu vergeben, indem sie wiederholt Landfremde einsetzten. Auch wurden ab dem 10. Jahrhundert mehrfach neue Herzogtümer durch die Könige geschaffen, so Österreich im Jahr 1156. Bei der Entmachtung Heinrichs des Löwen wurden 1180 die letzten großen

Stammesherzogtümer, Sachsen und Bayern, zerschlagen. Seit dem 12. Jahrhundert gehörten Herzöge zu der direkt unter dem König stehenden Schicht der Reichsfürsten, und die Herzogtümer formten sich zu Territorien, deren Erblichkeit den Amtscharakter endgültig in Vergessenheit geraten ließ.

25. Welche Aufgaben hatte ein Graf? Grafen waren ursprünglich königliche Amtsträger, die das Königsgut verwalteten, den Königsschutz garantierten und im Kriegsfall das Heeresaufgebot organisierten. Zentrale Bedeutung gewannen sie als Vorsitzende von Gerichten und Vollstrecker von Urteilen, wobei sie über alle Freien, die der Grafschaft unterstanden, und vor allem diejenigen, die auf dem Königsgut lebten, zu richten hatten. Grafschaften waren im Frühmittelalter vielfach weniger durch klare territoriale Grenzen bestimmt, sie definierten sich vielmehr für die Inhaber durch ein Bündel von Grafschaftsrechten, die ihr Ende dort fanden, wo die Bereiche der benachbarten Grafen begannen. Meist wurden Adlige, die in dem jeweiligen Gebiet bereits über eine Machtbasis verfügten, von den Königen mit der Grafschaft als Vasallen belehnt. Mark-, Pfalz-, Burg- und Landgrafen hatten spezielle Aufgaben wie die Sicherung der Grenzen oder die Verwaltung königlicher Pfalzen und Burgen zu erfüllen. Seit dem Hochmittelalter bildeten sich die Grafschaften zu kleinräumigen Territorien um die Stammburg eines Grafengeschlechts aus, und im Spätmittelalter spielten Grafen erneut eine große Rolle als militärische und administrative Stützen des Königtums. Die meisten Grafen gehörten nicht zum Reichsfürstenstand, obgleich sie häufig Kronvasallen waren und die Könige bewußt versuchten, diese Lehensbeziehungen auszubauen.

26. Was war das Besondere an den Reichsfürsten? Als Reichsfürsten wurden seit dem 12. Jahrhundert hohe Adlige bezeichnet, die selbständig über ein relativ zusammenhängendes Territorium herrschten und Lehen oder Ämter unmittelbar vom König erhalten hatten. Die Reichsfürsten spielten eine entscheidende Rolle bei Prozeß und Sturz Herzog Heinrichs des Löwen (1180), wo sie erstmals als eine genau definierte Gruppe erscheinen. Seit dieser Zeit konnten neue Reichsfürstentümer nur mehr durch einen förmlichen Rechtsakt des Königs geschaffen werden. Im Jahr 1190 lassen sich 92 geistliche und 22 weltliche Reichsfürsten nachweisen; dazu zählten Herzöge, Pfalz-, Mark- und Burggrafen, Bischöfe und Reichsäbte. Die Reichsfürsten versuchten stets ihr eigenes Territorium und ihre Kompetenzen auf Kosten der königlichen Gewalt zu vergrößern. Als nach dem Tod Heinrichs VI. (1197) zunächst eine starke königliche Zentralgewalt fehlte, bauten die Reichsfürsten ihre Stellung erheblich aus, indem sie zahlreiche königliche Rechte an sich zogen. Friedrich II. bestätigte ihnen in zwei Reichsgesetzen, der *Confederatio cum principibus ecclesiasticis* (1220) und dem *Statutum in favorem principum* (1232), die erlangten Rechte und sicherte sie damit für die Zukunft ab. Aus dem Kreis der Reichsfürsten, die ab dem 12. Jahrhundert entscheidenden Einfluß bei der Königswahl erlangten, bildete sich im 13. Jahrhundert das Kurfürstenkolleg heraus. Die Reichsfürsten waren in hohem Maß an der Regelung der inneren und äußeren Angelegenheiten des Reiches beteiligt.

27. Was ist unter Territorialisierung zu verstehen? Nach heutiger Vorstellung erstrecken sich Regierung und Verwaltung gleichmäßig auf alle Menschen, die in dem jeweiligen, durch Grenzlinien umrissenen Zuständigkeitsbereich leben. Im Mittelalter hingegen funktionierte Herrschaft über persönliche Beziehungen, und mittelalterliche Herrschaftsträger hatten mit konkurrierenden Ansprüchen ebenso zu rechnen wie damit, daß ihre Zuständigkeit vielfach durchbrochen wurde. Mit dem Begriff Territorialisierung wird eine seit dem Hochmittelalter zu beobachtende Entwicklung bezeichnet, deren Ergebnis die Landesherrschaft spätmittelalterlicher Fürsten war. Man versteht darunter, daß Herrschaftsträger versuchten, ihr Gebiet durch eine gezielte Erwerbungspolitik abzurunden, zugleich möglichst viele Herrschaftsrechte in ihre Hand zu bringen sowie konkurrierende Ansprüche und Sonderrechte auszuschalten. Einen wichtigen Meilenstein bilden hier einige Reichsgesetze Friedrichs II., in denen geistliche und weltliche Reichsfürsten erhebliche Zugeständnisse für ihre Herrschaftsausübung erhielten. Zur Territorialpolitik spätmittelalterlicher Fürsten gehörte nicht nur die Unterwerfung des regionalen Adels, sondern auch ein energisches Vorgehen gegen kirchliche Ansprüche. Die Ausbildung der Landesherrschaft stellt nach Meinung der überwiegenden Mehrheit der Forschung einen Modernisierungsprozeß dar. Im deutschen Reich fand dieser Prozeß im Gegensatz zu den westeuropäischen Königreichen nicht auf der Ebene der Königsherrschaft statt, sondern auf der Ebene der Fürstentümer. So blieb das Reich bis zu seinem Ende 1806 auf der höchsten Ebene ein altertümlicher Personenverband, während die Fürstentümer zu zeitgemäßen frühmodernen Staaten wurden.

28. Was war das Reichskirchensystem? Unter Otto I. (936–973) begann eine enge Zusammenarbeit des Königs mit Bischöfen und Äbten, die als ottonisch-salisches Reichskirchensystem bezeichnet wird. Angesichts fehlender staatlicher Institutionen und der Unzuverlässigkeit weltlicher Herrschaftsträger waren die Könige bei ihrer Regierungstätigkeit auf die Inhaber der hohen geistlichen Ämter angewiesen. Anders als die weltlichen Angehörigen der Führungsschicht beherrschten Bischöfe und Äbte auch Schreiben, Lesen und Latein. Zu ihrer Erfahrung in Verwaltungsfragen kam eine hohe moralische Autorität. Der König griff bei der Besetzung von Bischofsstühlen vornehmlich auf Geistliche zurück, die ihm in seiner Hofkapelle gedient und sich dort ausgezeichnet hatten. Er setzte sie in ihr Amt ein, indem er ihnen Stab und Ring als Insignien überreichte (Investitur). Zudem versah er sie mit eigener Gerichtsbarkeit sowie Forst-, Zoll-, Münz- und Marktrechten, die ihnen eine Fülle von Einnahmen bescherten. Dafür erwartete er von ihnen Versorgung und Unterbringung des Königshofs, Abgaben und Geschenke, Stellung von militärischen Kontingenten, Unterstützung bei der Reichsverwaltung, Beratung und Vermittlung in politischen Fragen und nicht zuletzt das Gebet für sein Seelenheil.

Dieses Bild wurde von Historikern aus vielen, zum Teil über hundert Jahre auseinanderliegenden Quellentexten zusammengesetzt, die oft Einzelfälle betreffen. Zwar lassen sich bei den Bischöfen Karrieremuster finden: adlige Herkunft, Ausbildung in berühmten Stiftsschulen, Bekanntschaft mit wichtigen Persönlichkeiten im Reich und Nähe zum König spielten auf dem Weg zum Bischofsstuhl gewiß eine Rolle. Aber auch auf dem Höhepunkt des «Reichskirchensystems» unter Heinrich III. (1039–1056) war nur die Hälfte der Bischöfe zuvor in der Hofkapelle tätig gewesen. Zudem mußte der König bei der Besetzung der Bistümer auf die Wünsche und Interessen der Domkapitel und des örtlichen Adels Rücksicht nehmen, die Widerstand leisteten, wenn ein Ortsfremder Bischof werden sollte. In Gebieten, die nicht in seinem unmittelbaren Einflußbereich lagen, mußte er zu Kompromissen bereit sein. Deshalb ist es problematisch, das komplizierte und differenzierte Verhältnis des Königs zu den Bischöfen und Reichsäbten als ein von ihm geleitetes fest gefügtes System zu beschreiben. Die mittelalterliche Wirklichkeit sah anders aus. Dennoch waren die Bischöfe und Reichsäbte wichtige Partner des Königs, die einen entscheidenden Beitrag zur Stabilität des Reiches leisteten.

Glaube, Religion, Kirche

29. Wie verbreitete sich das Christentum? Als das Christentum im Jahr 380 durch Kaiser Theodosius zur Staatsreligion erhoben wurde, begann die Missionierung der in das römische Reich eingewanderten Völker. Nach dem Untergang der westlichen Reichshälfte verbanden die fränkischen Könige die christliche Mission mit ihren Eroberungszügen gegen nördliche und östliche Nachbarn, wie Friesen, Sachsen und Awaren. Im fränkischen Reich und seinen Nachbarregionen wirkten vom 6. bis zum 8. Jahrhundert besonders Iren und Angelsachsen als Missionare, von denen Winfried/Bonifatius bis heute hohes Ansehen genießt. Die angelsächsische Mission zeichnete sich durch ihre Orientierung an Rom aus, die sie an die fränkische Reichskirche weitergab. Im 9. und 10. Jahrhundert wurde das Christentum nach Osten getragen, wobei sich religiöse und politische Interessen eng verschränkten. Bisweilen kam es zur Konkurrenz byzantinischer und westlicher Glaubensboten, so etwa, als die an Byzanz orientierten «Slawenapostel» Kyrill und Method in Mähren missionieren wollten und dort gegen bayerische, auf Rom ausgerichtete Missionare unterlagen. Die byzantinische Liturgie konnte sich in Teilen des Balkans und im Reich der Kiewer Rus durchsetzen, während die römisch orientierte Mission in Polen, Böhmen und Ungarn erfolgreich war. Um die Bekehrung der slawischen Stämme östlich der Elbe voranzutreiben, ließ Otto I. im Jahr 968 das Erzbistum Magdeburg errichten; der Slawenmission im Gebiet der Rednitz sollte das von Heinrich II. im Jahr 1007 gegründete Bistum Bamberg dienen. Ein weiterer, diesmal gewaltsamer Versuch der Bekehrung war der Wendenkreuzzug 1147, bei dem deutsche Ritter im Rahmen des Zweiten Kreuzzugs ihr Gelübde auch im Kampf gegen Elbslawen, Pommern und Prußen erfüllen konnten. Schließlich gelang es dem Deutschen Orden im

13. Jahrhundert, diese Völker zu christianisieren oder zu vertreiben und sich gleichzeitig ein eigenes Territorium zu schaffen. Bis auf Litauen, wo das Christentum nach 1386 eingeführt wurde, und das maurische Spanien, dessen letztes Emirat 1492 erobert wurde, war um 1300 ganz Europa christianisiert. Seit dem 13. Jahrhundert versuchten christliche Missionare auch außerhalb Europas, in Syrien, Nordafrika, China oder bei den Mongolen, das Christentum zu verbreiten, blieben aber größtenteils erfolglos. Erst mit der Entdeckung und Durchdringung Amerikas konnte das Christentum aus Europa hinaus getragen werden.

30. Warum spaltete sich die Christenheit? Schon kurz nach der Entstehung des Christentums traten Spaltungen auf, wie der Apostel Paulus bemerkt (1 Kor. 11,18–19). In der christlichen Spätantike sollten die Formulierung eines verbindlichen Glaubensbekenntnisses, der Ausschluß von Abtrünnigen aus der Gemeinschaft der Gläubigen und ihre staatliche Verfolgung die Einheit des Glaubens sichern, die für den Zusammenhalt des Reichs höchst wichtig war. Trotzdem gab es eine Vielzahl von Häresien, deren Lehren häufig nur durch die Schriften der sie bekämpfenden Kirchenväter bekannt sind. Die meisten Germanenstämme, vor allem die West- und Ostgoten, nahmen das Christentum in der arianischen Form an. Der als Ketzer verurteilte Priester Arius hatte gelehrt, daß Jesus zwar gottähnlich, aber nicht gottgleich gewesen sei. Später wurde diese Lehre weiterentwickelt: Jesus sei ein ausgezeichneter Mensch gewesen, den Gott adoptiert habe. Die katholische Lehre hingegen vertrat die Wesensgleichheit aller drei Personen der Trinität, und nach ihr kam Jesus bereits als Sohn Gottes auf die Welt. Ihr hingen die romanischen Bewohner der Germanenreiche an. Daß der Frankenkönig Chlodwig sich um 500 für die katholische Form des Christentums entschied, war für die Integration und den Aufstieg des Frankenreichs sehr förderlich.

Eine neue Spaltung kündigte sich im Frühmittelalter zwischen Ost- und Westkirche an. Im 8. Jahrhundert kam es zu Differenzen über die Bilderverehrung und die Herkunft des Heiligen Geistes (geht er von Gottvater und Gottsohn zugleich aus?). Theologen am Hof Karls des Großen reagierten vehement auf Beschlüsse einer byzantinischen Synode, die ihnen nur in einer mißlungenen Übersetzung vorlagen und Gelegenheit boten, ihre eigene Rechtgläubigkeit zu demonstrieren. Die seit Jahrhunderten angehäuften Mißverständnisse und Animositäten entluden sich schließlich im Jahr 1054. Der Patriarch von Konstantinopel und Papst Leo IX. exkommunizierten einander, wobei die rechtliche Gültigkeit dieser Maßnahme umstritten ist, da der Papst bereits verstorben war, als sein Gesandter die mitgebrachte Bannbulle auf dem Altar der Hagia Sophia niederlegte. Zunächst wurde der gegenseitige Bann nicht sonderlich beachtet, doch erschwerte die Entwicklung des Papsttums im 11. Jahrhundert fortan die Verständigung: dem neuen Führungsanspruch des römischen Bischofs konnten sich die Ostkirchen nicht unterwerfen. Dazu kamen militärische Konflikte, die wiederholt beim Durchzug der westlichen Kreuzfahrerheere durch byzantinisches Gebiet auftraten. Ein tiefes Mißtrauen baute sich auf beiden Seiten auf. So wurde die Spaltung des Jahres 1054 im Nachhinein zu dem entscheidenden Ereignis, das Ost- und Westkirche bis ins 20. Jahrhundert voneinander trennen sollte.

31. Wie wurde das Papsttum zu einer politischen Macht? Ursprünglich genoß der Papst als Bischof von Rom und Nachfolger des Apostels Petrus nur einen geistlichen Ehrenvorrang, ohne die Patriarchen von Konstantinopel, Jerusalem, Antiochien und Alexandrien an Kompetenzen zu überragen. Bis ins 8. Jahrhundert mußte er dem Hof in Konstantinopel bei seinem Antritt Wahlanzeige und Glaubensbekenntnis zur Kontrolle übersenden. Als Byzanz Rom nicht mehr vor der Bedrohung durch die Langobarden schützen konnte und zudem wegen dogmatischer Streitigkeiten eine Entfremdung zwischen Ost und West eintrat, wandten sich die Päpste dem aufstrebenden Frankenreich zu. Fränkische Könige schenkten ihnen Gebiete in Mittelitalien, aus denen später der Kirchenstaat entstand.

Im 11. Jahrhundert gelang es den Päpsten, Rom zum Autoritätszentrum und sich selbst zu obersten Richtern der westlichen Kirche zu machen. Damals nahmen auch Normannenfürsten ihre Gebiete in Unteritalien von den Päpsten zu Lehen. Gleichzeitig wurde erstmals die Konstantinische Schenkung als Argument für päpstliche Herrschaftsansprüche verwendet, eine im 8. Jahrhundert gefälschte Urkunde, mit der Kaiser Konstantin angeblich Papst Silvester das gesamte Abendland geschenkt hatte. Auf den Höhepunkt ihrer Machtstellung gelangten die Päpste mit Innozenz III.

Abb. 6: Kaiser Konstantin der Große leistet Papst Silvester gemäß der Konstantinischen Schenkung den Stratordienst, indem er dessen Schimmel am Zügel führt. Einen Schimmel zu reiten, war ein kaiserliches Vorrecht, das Konstantin angeblich dem Papst zugestanden hatte; ebenso schenkte er ihm eine kaiserliche Kopfbedeckung, das Kamelaukion, das der Papst hier bereits trägt. Außerdem ist ein in Rot und Gold gestreifter Schirm als weiteres päpstliches Herrschaftszeichen zu sehen. Die Konstantinische Schenkung wurde vermutlich gegen Ende des 8. Jahrhunderts in Rom gefälscht, um derartige Vorrechte für Papst und Klerus zu sichern; die Darstellung entstand um die Mitte des 13. Jahrhunderts.

(1198–1216). Er nannte sich als erster nicht mehr Stellvertreter Petri, sondern Stellvertreter Christi, und beanspruchte auch in politischen Dingen eine Überordnung über die weltlichen Herrscher, die er damit begründete, daß Christus die Gewalt, von Sünden loszusprechen, Petrus verliehen habe und bei der Ausübung weltlicher Herrschaft stets die Gefahr sündhaften Handelns vorliege. Die Umgebung des Papstes, die Kurie, war nun nach dem Vorbild weltlicher Höfe organisiert. Der Kirchenstaat wurde ausgebaut, so daß er zusammenhängend ganz Mittelitalien umfaßte.

Die Stellung der Päpste als Herren eines italienischen Territoriums wirkte sich stark auf ihre Politik aus. Im 13. Jahrhundert belehnten sie die Anjou, einen Seitenzweig des französischen Königshauses, mit Unteritalien, um die Staufer zu verdrängen; nach der Rückkehr aus Avignon ließen sie sich im 15. Jahrhundert in die

Auseinandersetzungen der italienischen Staaten verwickeln. Sie führten nicht nur mit eigenen Truppen Krieg, sondern griffen für die Verteidigung ihrer politischen Interessen auch zu geistlichen Zwangsmitteln, was ihre religiöse Autorität schädigte. Rücksichtslose Machtpolitik und verweltlichte Selbstdarstellung des Papsttums gehörten zu den Hauptkritikpunkten des Protestantismus.

32. Welche Folgen hatte die Exkommunikation? Durch die Exkommunikation, auch Kirchenbann genannt, schloß die Kirche den Betroffenen von den Sakramenten und der Teilnahme am Gottesdienst aus. Türsteher wachten vor den Kirchenpforten darüber, daß nicht etwa ein Exkommunizierter den geweihten Raum betrat. Zudem war der Exkommunizierte von der christlichen Gemeinschaft überhaupt ausgeschlossen, da der wissentliche Umgang mit Exkommunizierten die eigene Exkommunikation nach sich zog. Der Kirchenbann konnte gezielt über einzelne Personen ausgesprochen oder als automatische Strafe für bestimmte Vergehen verhängt werden. Im weltlichen Recht entsprach dem Kirchenbann der Entzug von Ehre und Rechten durch die Ächtung. Einzelne Kirchengebäude, Klöster, Pfarreien, Städte, Diözesen, Fürstentümer und sogar Königreiche konnten von der christlichen Gemeinschaft durch ein Interdikt ausgeschlossen werden, das Sakramentenspendung und Gottesdienst lokal oder regional untersagte. Die Wirkung von Exkommunikation und Interdikt nutzte sich seit dem Hochmittelalter sowohl durch häufige und ausgedehnte Anwendung als auch durch die Instrumentalisierung im Kampf gegen weltliche Herrschaftsträger ab.

33. Warum entwickelte sich das Pfründenwesen? Niemand läßt sich heute gerne vorhalten, er habe eine «Pfründe» ergattert, verbindet sich damit doch der Vorwurf, für eine üppige Entlohnung wenig oder nichts zu leisten. Das Pfründenwesen war im Mittelalter die übliche Versorgungsform des Klerus und stellte eine Parallele zum weltlichen Lehenswesen dar. Wer ein geistliches Amt (*officium*) erhielt, bekam dafür eine Pfründe (*beneficium*) als materielle Ausstattung und hatte gegenüber dem Verleiher gewisse Verpflichtungen. Seit dem 14. Jahrhundert beanspruchten die Päpste das Recht, alle kirchlichen Stellen im ganzen Abendland zu besetzen. Amt und Versorgung durften ursprünglich nicht getrennt werden, doch war es im Spätmittelalter bei Klerikern der höheren Ränge weit verbreitet, die Amtspflichten durch einen schlecht bezahlten Stellvertreter erledigen zu lassen, um selbst andernorts vermeintlich wichtigeren Tätigkeiten nachzugehen. Auf diese Weise wurde es auch möglich, mehrere Pfründen zu erwerben, was eigentlich verboten war. Kirchenrechtliche Hindernisse konnten durch päpstlichen Dispens beseitigt werden. So entstand ein regelrechter Pfründenmarkt, bei dem die Bewerber einen komplizierten Geschäftsgang an der Kurie auf sich nahmen, in dessen Verlauf zahlreiche Gebühren fällig wurden. Erfolgreiche Bewerber mußten allerdings ihre Ansprüche auf eine Pfründe vor Ort erst noch durchsetzen, was häufig nicht gelang. Durch die kuriale Pfründenvergabe erhielten auch benachteiligte Gruppen, etwa arme Universitätsabsolventen ohne weitreichende Verbindungen, die Chance auf eine Stelle. Daß wichtige Funktionen in Verwaltung und Politik bis weit ins 15. Jahrhundert Klerikern vorbehalten blieben, hängt auch damit zusammen, daß diese über das Pfründenwesen abgesichert waren, so daß die weltlichen Herren sich den Aufbau eines eigenen Versorgungssystems ersparten. In Verruf kam das Pfründenwesen durch die Skrupellosigkeit, mit der gerissene Pfründenbewerber alle Möglichkeiten ausnutzten, um sich eine gute Versorgung zu sichern und zugleich die damit verbundenen Pflichten vom Leibe zu halten.

34. Weshalb brauchten Klöster einen Vogt? Nach den Bestimmungen des Kirchenrechts war es Mönchen und Nonnen verboten, Tätigkeiten nachzugehen, die dem Ideal eines gottgeweihten Lebens widersprachen. Deshalb benötigten sie als Vogt (*advocatus*) einen Laien, der sich um die weltlichen Angelegenheiten des Klosters kümmerte. Er verwaltete den Grundbesitz, vertrat das Kloster vor Gericht, übte über die klösterlichen Grundholde Gerichtsbarkeit aus und organisierte zum Teil auch den militärischen Schutz. In der Regel wurde das häufig erbliche Amt durch einen Angehörigen der Adelsfamilie übernommen, die das Kloster gegründet und mit Besitz ausgestattet hatte. Die Vogtei sicherte den Adelsfamilien erhebliche Anteile an kirchlichen Abgaben und Strafgeldern; außerdem konnten sie durch die Gerichtsgewalt ihre Herrschaft ausbauen. Die Erwerbung von Vogteien gehört deshalb zu den Herrschaftsstrategien hochmittelalterlicher Adelsfamilien. Die Vögte zögerten oft nicht, auch in die geistlichen Belange des Klosters einzugreifen, was zu erheblichen Streitigkeiten führte. Nicht zuletzt deshalb übten Kirchenreformer des 11. Jahrhunderts heftige Kritik an der adligen Vogtei, die sie als Einschränkung kirchlicher Freiheit verstanden, und die Konvente suchten soweit möglich die freie Wahl des Vogts zu erlangen. Die Reformorden des 12. und 13. Jahrhunderts lehnten eine von Laien ausgeübte Vogtei von vornherein ab und nahmen ihre wirtschaftlichen und rechtlichen Interessen auf andere Weise, etwa mit Hilfe päpstlicher Beauftragter, wahr.

35. Wieso entstanden die Bettelorden? Im 12. Jahrhundert änderte sich in Folge neuer Entwicklungen in Gesellschaft, Wirtschaft und Religiosität auch die Einstellung zu kirchlichen Institutionen. In den Augen vieler Laien und Kleriker entfernten sich die alten Orden, besonders die Benediktiner, durch Reichtum und Verweltlichung von ihrem ursprünglichen Ziel, der Nachfolge Christi. Nachdem gegen Ende des 11. Jahrhunderts bereits erste Armutsbewegungen aufgetreten waren, entstanden zu Beginn des 13. Jahrhunderts die Bettel- oder Mendikantenorden, deren Mitglieder sich einem Leben in absoluter Armut verschrieben. Ihnen lag die Idee zugrunde, daß weder die einzelnen Mitglieder noch die Gemeinschaften Eigentum besitzen sollten, sondern der Unterhalt allein durch Betteln und Arbeiten zu erwerben sei. Päpste und Kardinäle förderten die bedeutendsten Vertreter der neuen Bewegungen, Franz von Assisi (1181/2–1226) und Dominikus (1170–1221), da ihre Einbindung eine Chance bot, Teile der Bevölkerung zu erreichen, die der Kirche zu entgleiten drohten.

Die wichtigsten Bettelorden waren Franziskaner, Dominikaner, Karmeliter und Augustiner-Eremiten; ihre zentralen Tätigkeitsfelder lagen in Seelsorge (Beichte und Predigt), Mission und Ketzerbekämpfung. Während die Franziskaner ursprünglich höhere Bildung für ihre Mitglieder, die als volkstümliche Wanderprediger wirken sollten, strikt ablehnten, waren die Dominikaner dazu verpflichtet, ein Studium der Theologie zu absolvieren, um für Seelsorge und Ketzerbekämpfung gut vorbereitet zu sein. Die Institutionalisierung als Orden bedeutete für die Franziskaner eine Zerreißprobe, da damit das für ihre Gründergeneration besonders wichtige Ideal extremer Armut aufgegeben werden mußte; ein Teil von ihnen wurde in die Häresie abgedrängt. Insgesamt 21 Bettel-

Abb. 7: In der Bilderchronik, die Ulrich Richental zum Konstanzer Konzil (1414–1418) anlegte, finden sich viele Darstellungen zeremonieller Vorgänge. Hier wird Papst Johannes XXIII. vom Konstanzer Klerus empfangen, der ihm wohlgeordnet entgegenzieht. Neben Franziskanern und Dominikanern in der zweiten und dritten Reihe sind zuletzt die Domherren zu erkennen, die ihren Stand durch die ihnen als Privileg zustehenden, mit Fuchsschwänzen verzierten Umhänge demonstrieren.

orden überlebten den Versuch des Zweiten Konzils von Lyon (1274), alle nach 1215 gegründeten Gemeinschaften wieder aufzulösen. Die Bettelorden hatten einen enormen Erfolg in den Städten und trugen mit ihren schlichten Kirchenbauten maßgeblich zur Verbreitung der Gotik in Europa bei.

36. Woran glaubten Ketzer? Neben dogmatischen Abweichungen traf der Vorwurf der Ketzerei im Hoch- und Spätmittelalter auch häufig Kritik, die an der Verweltlichung, dem Reichtum und der erstarrten hierarchischen Struktur der römischen Kirche geübt wurde. Jede Ketzergruppe war dabei der Überzeugung, selbst die wahre Kirche im Sinne Christi zu bilden. Mit den Katharern und Waldensern konnten sich im Hochmittelalter erstmals dauerhaft sonderkirchliche Gemeinschaften etablieren. Das eigentliche Zentrum der Katharer lag in Südfrankreich, doch läßt sich schon um 1143 eine erste Katharergemeinde in Köln nachweisen. Der katholischen Kirche setzten die Katharer eine eigene Bistumsorganisation entgegen. Durch ihr asketisches Leben und die Einbeziehung von Laien, auch Frauen, in alle geistlichen Funktionen wirkten sie auf Menschen aller sozialen Schichten. Mit ihrer Aufteilung der Welt in eine gute, von Gott geschaffene und eine böse, vom Teufel stammende Schöpfung nahmen sie Gedanken des antiken Manichäertums wieder auf, auf deren Grundlage sie Geschlechtsverkehr und Fleischverzehr ablehnten. Die um 1173 gegründeten Waldenser, deren Gemeinden locker strukturiert waren, wollten sich ursprünglich als «Arme Christi» und Laienprediger in den Dienst der katholischen Glaubenslehre stellen, wurden jedoch nach etwa einem Jahrzehnt vom Papst als Ketzer gebannt. Die Gemeinschaft überlebte die Verfolgungen und integrierte sich 1532/33 in den Protestantismus. Im Spätmittelalter entstand auf der Grundlage der Lehren des englischen Predigers John Wyclif, die von dem tschechischen Reformator Jan Hus (1371–1415) aufgegriffen wurden, noch einmal eine große, von der römischen Kirche verketzerte Protestbewegung. Hus und seine Anhänger forderten Bibelauslegung und Predigt in der tschechischen Volkssprache, lehnten einen Sonderstatus des Klerus ab und versuchten in einzelnen Gemeinden ein urkirchliches, auf absoluter Gleichheit und Besitzteilung beruhendes Ideal zu leben. Außerdem bestanden sie darauf, daß nicht nur Priester, sondern auch Laien die Kommunion in beiderlei Gestalt, das heißt neben der Hostie auch den Meßwein, empfangen dürften. Als Vorläufer Martin Luthers hat Jan Hus bis heute in lutherischen Kirchen einen Ehrenplatz.

37. War die Inquisition ein Instrument des Terrors? Papst Gregor IX. gilt als Begründer der Inquisition im modernen Sinn. Er setzte erstmals 1231 örtliche Inquisitoren ein, die mit päpstlicher Vollmacht Ketzer aufspüren sollten. Der Häresiebegriff dehnte sich im 15. Jahrhundert auf Hexerei als bewußte Abwendung von Gott aus. Man nahm an, daß Zauberer und Hexen eine teuflische Gegenkirche mit schändlichen Ritualen bildeten, wobei der Teufelsdienst auch Minderheiten wie Juden und Homosexuellen unterstellt wurde.

Mit den Inquisitionstribunalen entstand eine Sondergerichtsbarkeit, deren Träger unmittelbar dem Papst unterstellt waren. Sie bedienten sich des Inquisitionsprozesses, der ursprünglich als disziplinarisches Verfahren für den Klerus entwickelt worden war. Kennzeichnend für dieses Gerichtsverfahren war, daß die Inquisitoren, meist Dominikaner oder Franziskaner, von Amts wegen Verdächtigungen und Gerüchten nachgehen mußten. Die Häretiker wurden zur Selbstanzeige und die Gläubigen zur Denunziation aufgefordert, Verdächtige wurden vorgeladen, schließlich wurde die Untersuchung eingeleitet mit dem Ziel, ein Schuldbekenntnis zu erlangen, das in der Regel für eine Verurteilung erforderlich war. Zur Erzwingung des Geständnisses einschließlich der Namen möglicher Mitschuldiger wurde durch Papst Innozenz IV. in der Mitte des 13. Jahrhunderts die Verwendung der Folter genehmigt. Darunter fielen leichtere Formen wie Fasten und schlechte Unterbringung in der Haft, seltener auch die Verwendung peinigender Geräte und Methoden. Da Ketzerei und Hexerei als Ausnahmeverbrechen galten, wurden die Verteidigungsmöglichkeiten der Angeklagten beschnitten.

Der geständige und reuige Häretiker hatte mit Bußauflagen und Gefängnisstrafen zu rechnen, während hartnäckige Ketzer, vor allem solche, die rückfällig geworden waren, von dem Glaubensgericht verdammt und der weltlichen Gerichtsbarkeit zur Verbrennung übergeben wurden. Dahinter stand der theologische Gedanke, daß durch die Verbrennung des Körpers im reinigenden Feuer des Scheiterhaufens die Seele vor dem Höllenfeuer gerettet werden könne.

Im Mittelmeerraum erfuhr die Inquisition am Ende des 15. Jahrhunderts in Gestalt der Spanischen Inquisition eine zu politischen Zwecken instrumentalisierte Weiterentwicklung; im deutschen Reich lebte sie nach einem Einbruch zu Anfang des 13. Jahrhunderts mit den im 15. Jahrhundert einsetzenden Hexenverfolgungen wieder auf. Allerdings gab auf dem Höhepunkt der Hexenverbrennungen in der frühen Neuzeit nicht die zu Beginn der Reformation eingerichtete römische Inquisition den Ausschlag, denn auch in den protestantischen Reichsteilen wurden Hexen und Zauberer hingerichtet.

38. Welche Bedeutung hatten Heilige? Als Heilige galten zunächst nur die christlichen Märtyrer; nach dem Ende der Christenverfolgungen wurden auch Menschen von besonderer Glaubenskraft als heilig betrachtet. Eine zur Erbauung und Nachahmung anregende Literatur (Hagiographie) beschrieb Leben und Sterben der Heiligen und stilisierte sie jeweils gemäß den Erwartungen und Erfahrungen der Abfassungszeit. Heilige waren schon allein dadurch allgegenwärtig, daß ihr Gedächtnis an ihrem Todestag liturgisch gefeiert wurde, wodurch das gesamte Kirchenjahr sich als eine Abfolge von Heiligenfesten gestaltete. Anfangs leitete sich die Anerkennung der Heiligen von der Verehrung durch die Gläubigen her, doch um die Jahrtausendwende suchte die römische Kirche die Entstehung von Heiligenkulten unter Kontrolle zu bekommen, indem sie ein Verfahren zur Heiligsprechung durch den Papst, die förmliche Kanonisierung, entwickelte. Bischof Ulrich von Augsburg wurde 993 als erster durch den Papst zum Heiligen erhoben.

Kennzeichen heiliger Menschen war es, daß sie eine Verbindung zwischen Diesseits und Jenseits herstellten, die sich vor allem in Wundern zeigte, und daß sie in ihren Reliquien auch nach ihrem Tod präsent blieben. In Kirchen und Altären mußten seit dem 5. Jahrhundert Reliquien des namengebenden Patrons untergebracht sein. Heilige sollten verehrt und um Fürsprache gebeten, nicht jedoch angebetet werden, was allein Gott zustand. Im Hochmittelalter wurde aus dem Vermittler bei Gott der direkte Helfer, zum Beispiel im Krankheitsfall. Daher kam es auch zu Bestrafung und Verfluchung von Heiligen, wenn sich der erwünschte Erfolg nicht einstellte.

Nicht nur aus Frömmigkeit wurden Heilige erhoben, sondern

auch aus wirtschaftlichem und politischem Kalkül. Heiligenkulte zogen Pilger und Geld an, trugen für Gemeinschaften zur Identitätsbildung und sozialen Integration bei, waren Mittel zur kollektiven Selbstdarstellung und zur Legitimation der Herrschenden. So sind unter den Heiligen des frühen und hohen Mittelalters auch häufig ‹politische› Heilige zu finden, wie etwa Karl der Große, den Friedrich Barbarossa 1165 heilig sprechen ließ. Unter dem Einfluß von Reformbewegungen des 11. und 12. Jahrhunderts gewann die Christusnachfolge als Lebens- und Vollkommenheitsideal an Bedeutung, was zu einer neuen Spiritualisierung der Vorstellung von Heiligkeit führte. Dennoch vermitteln zahlreiche Quellen über das gesamte Mittelalter hinweg drastische Eindrücke davon, daß viele Gläubige von den Heiligen zuallererst die ganz konkrete Linderung existentieller Nöte und Ängste erwarteten.

39. Wie stellte man sich das Jenseits vor? Kaum jemand zweifelte an der Realität des Jenseits, und in vielen Kirchen waren Jüngstes Gericht, Himmel, Hölle und Fegefeuer detailreich dargestellt. Der leiblichen Auferstehung aller Menschen am Tag des Jüngsten Gerichts folgten Seelenwägung und Richterspruch, wonach das Geschick des einzelnen für alle Ewigkeit entschieden war. Da das Gericht erst am Ende der Zeiten erwartet wurde, stellte sich die Frage nach dem Aufenthalt der Seelen in der Zwischenzeit. Bereits im Frühmittelalter entstanden Vorstellungen von einem Gericht direkt nach dem Tod des einzelnen, das einen dritten, zur Läuterung dienenden Weg ermöglicht. Spätestens seit dem Hochmittelalter wurde der Ort der Läuterung als Fegefeuer beschrieben, aus dem die leidenden Seelen nach Verbüßung der Strafe in den Himmel gelangen.

Der Himmel wurde über der Erde im Himmelszelt liegend gedacht, wo die Seelen nach ihrem Verdienst in abgestuften Sphären versammelt werden. Hier schauen die Seligen zusammen mit den Heiligen und Aposteln Gott; sie hören, von Wohlgeruch umgeben, die liebliche Musik der Engelschöre; der vorherrschende Eindruck wird von der Farbe Weiß und hellem Licht bestimmt. Ausführliche Höllenbeschreibungen stammen aus den zahlreichen Visionen des frühen und hohen Mittelalters, am bekanntesten aber ist Dantes zwischen 1307 und 1321 entstandenes *Inferno*. In die Hölle fahren alle Menschen, die mit einer Todsünde belastet sterben, sowie alle Nicht-Christen. Sie wurde meist unter der Erdkruste in äußerster

Distanz zum Himmel gedacht, wobei Vulkane als Zugänge dienen. Die Hölle ist von Dunkelheit, Geschrei, Gestank und Feuer erfüllt; die Verdammten werden von Dämonen mit Folterungen gequält, die der Art ihrer Vergehen entsprechen. Jenseitsvisionen wurden nicht selten benutzt, um politische Anliegen und Kritik an den Mächtigen zum Ausdruck zu bringen.

40. Was brachten fromme Stiftungen? Mittelalterliche Stifter stellten Vermögenswerte wie Landbesitz oder Immobilien zur Verfügung, um mit deren Erträgen auf Dauer zu sichern, daß ihrer nach ihrem Tod im Gebet gedacht würde. Begünstigte waren häufig Klöster, Spitäler und Universitäten. Ein Nutzen von Stiftungen ergab sich somit in zweierlei Hinsicht. Zum einen blieb der Stifter künftigen Generationen durch die Verwirklichung seiner Stiftung gegenwärtig und erlangte ihre Gebete für sein Seelenheil. Zum anderen verfolgten viele Stiftungen sozial-religiöse Zielsetzungen, die der Allgemeinheit zugute kamen, etwa in der Unterstützung von Studenten oder Armen. Es gibt mittelalterliche Stiftungen, die ihre Aufgabe heute noch erfüllen. Als besonders beeindruckende Beispiele seien nur die Spitäler erwähnt, die durch den burgundischen Kanzler Nicolas Rolin (†1461) in Beaune und durch Kardinal Nikolaus von Kues (†1464) in seiner Heimatstadt an der Mosel gegründet wurden; in beiden Fällen wurden Weinberge als Vermögensgrundstock gestiftet. Die meisten mittelalterlichen Stiftungen hatten nicht diesen Umfang. Häufig wurden zum Beispiel Gegenstände zur Ausstattung von Kirchen gestiftet, was sich auch weniger vermögende Leute leisten konnten. Das Bestreben mittelalterlicher Stifter, die Gebete der Nachwelt zu erlangen, hängt mit dem christlichen Memorial- oder Erinnerungskult zusammen. Durch Gebete für die Verstorbenen wurde eine Gemeinschaft der Lebenden und der Toten geschaffen, in welcher der individuelle Tod im gemeinsamen Gedenken (*memoria*) überwunden wurde. Im Frühmittelalter führte die Sorge um das Totengedenken in Kleriker- und Mönchskonventen zur Anlage umfangreicher Namenslisten von Verstorbenen, deren in der Liturgie gedacht werden sollte. Nicht nur Kleriker, Mönche und Nonnen waren hier verzeichnet, sondern auch Stifter und Wohltäter. Um das Gebetsnetz dichter zu knüpfen, wurden Verbrüderungen zwischen Konventen geschlossen, die einander ihre Totenlisten übersandten.

Solche Formen des Gruppengedächtnisses gab es bis zum Ende des Mittelalters.

41. Was kostete die Seligkeit? Bereits in der frühmittelalterlichen Bußpraxis konnten Sündenstrafen in Ersatzleistungen, vor allem Geldzahlungen, umgewandelt werden. Der Ablaß entstand als Teil der Bußpraxis im 11. Jahrhundert, als neben dem Schuldbekenntnis die innere Reue für begangene Sünden stärker betont wurde, die sich in der Ableistung der auferlegten Strafen zu zeigen hatte. Bei Empfang des Bußsakraments und Verrichtung frommer Werke konnten begrenzte Ablässe, häufig für 20 oder 40 Tage Bußdauer, gewährt werden. Ablässe waren nicht in jedem Fall von einer Geldzahlung abhängig, jedoch immer mit dem Sprechen bestimmter Gebete verbunden. Im Jahr 1095 erließ Papst Urban II. für die Teilnehmer des Ersten Kreuzzugs einen Ablaß, der als Nachlaß aller Sündenstrafen oder sogar im Sinne einer Schuld und Strafe umfassenden Vergebung (vollkommener Ablaß) interpretiert wurde. Die begehrten vollkommenen Ablässe waren später nicht nur bei Kreuzzügen, sondern für breitere Schichten auch in den ab 1300 stattfindenden Jubeljahren beim Besuch der Hauptkirchen Roms sowie bei Wallfahrten ins Heilige Land zu erwerben. Seit dem 13. Jahrhundert konnten begrenzte Ablässe in bestimmten Kirchen, etwa an Wallfahrtsorten, erworben werden, die für die entsprechenden päpstlichen Privilegien hohe Summen aufzubringen hatten. Als der Ablaß im 14. und 15. Jahrhundert rückwirkend für die Seelen Verstorbener gewährt wurde, deren Verbleib im Fegefeuer damit abgekürzt werden sollte, entwickelte sich der Handel mit Ablaßbriefen endgültig zu einem einträglichen Geschäft. Der Ertrag der Ablässe wurde genutzt, um Baumaßnahmen oder Reparaturen an Kirchen und Kreuzzüge zu finanzieren. Die Erteilung von Ablässen brachte dabei nicht nur dem Klerus Einnahmen, sondern speziell im Fall der spätmittelalterlichen Kreuzzugsablässe behielten meist weltliche Machthaber einen Teil des eingenommenen Geldes. Im Bewußtsein des einfachen Volkes traten der finanzielle Aspekt des Ablaßwesens und die von der Theologie abgelehnte Möglichkeit des Kumulierens von Ablässen im Laufe der Zeit in den Vordergrund. Bereits vor Martin Luther wurde deshalb immer wieder Kritik an der Ablaßpraxis geäußert.

Ereignisgeschichte

42. Wie entstand und verbreitete sich der Islam? Begründer und Prophet des Islam war der aus Mekka stammende Kaufmann Mohammed (ca. 569–632). Auf Handelsreisen in die Ostprovinzen des oströmischen Reiches lernte er das Christentum und das Judentum, beides monotheistische Buchreligionen, kennen. Seit seinem 40. Lebensjahr begann er nach einem religiösen Erweckungserlebnis und Visionen, in denen sich ihm der Schöpfergott Allah offenbarte, in seiner Heimatstadt zu predigen. Mohammed propagierte in einer von naturreligiösen Vorstellungen geprägten Umgebung eine monotheistische Offenbarungsreligion, in der ein göttliches Weltgericht über das weitere Leben nach dem Tod entschied, dessen Urteil sich nach der sittlichen Lebensführung des einzelnen richtete. Diese Predigten bilden den Kern des Korans, des heiligen Buchs des Islam.

Mohammed zog sich die Feindschaft der in Mekka herrschenden Quraisiten zu, da er gegen den einträglichen lokalen Kaaba-Kult predigte. 622 floh er mit seinen Anhängern in die nördlich gelegene Oasenstadt Jhatrib (später Medina), um einem Mordanschlag zu entgehen. Diese Flucht (*hidschra*) wurde zum Beginn der islamischen Zeitrechnung. In Medina trat Mohammed auch als politischer Führer hervor. Hier löste sich der Islam nach heftigen Konflikten von seinen christlichen und jüdischen Wurzeln und bildete sich zu einer eigenständigen Religion aus. Nach 630 konnte Mohammed in seine Heimatstadt zurückkehren, wo er die Kaaba zu einer zentralen Kultstätte des Islam machte. Als er 632 starb, zeichnete sich nicht nur die religiöse, sondern auch die politische Einigung der arabischen Halbinsel ab.

Unter den Kalifen Abu Bakr, Omar, Othman und Ali eroberten die vereinigten arabischen Stämme in knapp 80 Jahren Nordafrika und große Teile des Orients. Nach der Eroberung des westgotischen Spanien 711 verhinderten erst die Franken durch den Sieg in der Schlacht zwischen Tours und Poitiers 732 ein weiteres Vordringen des Islam nach Europa. Die Schwäche des oströmischen Reichs und die Erschöpfung des persischen Sassanidenreiches machten diese raschen Eroberungen ebenso möglich, wie die religiöse Komponente des Kampfes, die den gefallenen Arabern als Märtyrern sofortigen Eingang ins Paradies versprach. Eine straffe militärische Verwaltungsorganisation sicherte die eroberten Gebiete, und die einheitliche arabische Sprache und Kodifizierung des islamischen Rechts in der Scharia sorgten ebenso wie das Wirken arabischer Heiliger (*sufis*) für einen wachsenden inneren Zusammenhalt der islamischen Welt. 661 entbrannte nach dem Tod des Kalifen Ali der Streit um die rechtmäßige Nachfolge. Die konservative Partei der Schiiten verlangte einen Nachfolger aus der Familie Mohammeds. Die Sunniten, die sich auf die mündliche Überlieferung der Sprüche und Taten des Propheten (*sunna*) beriefen, plädierten dafür, den politisch und militärisch Mächtigsten zum Kalifen zu wählen. Unter ihrem Kalifen Abd al-Malik konnten sich die Sunniten bis 705 endgültig durchsetzen, aber die ‹konfessionelle› Spaltung des Islam besteht bis in die Gegenwart.

Der belgische Historiker Henri Pirenne bewertete zu Beginn des 20. Jahrhunderts Auftreten und Expansion des Islam als den entscheidenden Wendepunkt, der die Antike vom Mittelalter trennt, denn die islamische Expansion habe zu einem Abschwung des Mittelmeerhandels und einem enormen Bedeutungsverlust der Geldwirtschaft geführt. Dies habe die fränkischen Merowinger geschwächt, zu einem Machtzuwachs der Karolinger und schließlich zur Kaiserkrönung Karls des Großen geführt. Auch wenn diese These widerlegt wurde, ist sie als Versuch bemerkenswert, zum Zweck der Epochenabgrenzung eine direkte kausale Verbindung zwischen Mohammed und Karl dem Großen herzustellen.

43. Welche Teile des heutigen Europa gehörten zum Frankenreich? Zum fränkischen Reich gehörten am Ende der Regierungszeit Karls des Großen († 814) das Gebiet des heutigen Frankreich und der Beneluxstaaten, große Teile des heutigen Deutschland und Österreich, die Schweiz, Ober- und Mittelitalien sowie Nordostspanien (Katalonien). Dieses Reich wurde im Vertrag von Verdun 843 unter drei Enkel Karls des Großen geteilt: der älteste, Lothar I., erhielt einen breiten Streifen in der Mitte, in dem Aachen und Rom lagen; Ludwig der Deutsche erhielt den östlichen Teil, und der jüngste Bruder, Karl der Kahle, bekam den westlichen Teil. Bei der Vorbereitung dieses Teilungsvertrags leisteten Karl und Ludwig sowie ihre Gefolgsleute einander Eide in althochdeutscher und altfranzösischer Sprache, deren Texte zu den ältesten Zeugnissen der Volkssprachen im fränkischen Reich zählen (Straßburger Eide, 842).

Lotharingien wurde 870 zwischen Ludwig dem Deutschen und Karl dem Kahlen aufgeteilt. Durch dynastische Zufälle wurde das fränkische Reich von 883 bis 887 wieder unter einem karolingischen Herrscher vereint, doch hatten die Führungsschichten kein Interesse mehr an einem Großreich, so daß die Trennung in Frankreich und Deutschland nicht mehr rückgängig zu machen war, während die italienische Halbinsel in einige kleinere Herrschaftskomplexe zerfiel. Ab wann die Nachfolgestaaten des fränkischen Reichs als «Frankreich» und «Deutschland» bezeichnet werden können, ist umstritten; mit dem Beginn des 11. Jahrhunderts sind diese Bezeichnungen jedenfalls gerechtfertigt.

44. Aus welchen Familien stammten die Könige des fränkischen und des deutschen Reichs? Das Frankenreich wurde ab der Mitte des 5. Jahrhunderts durch Könige aus der Dynastie der *Merowinger* regiert, deren Ursprung auf ein Meerungeheuer zurückgeführt wurde. Der letzte Merowinger wurde 751 mit päpstlicher Billigung in ein Kloster verwiesen. Mit diesem Staatsstreich traten die *Karolinger* an, die seit dem 7. Jahrhundert als Hausmeier bereits faktisch regiert hatten. Karl der Große (768–814) erweiterte das fränkische Herrschaftsgebiet nach Süden und Osten und erwarb die Kaiserwürde. Unter seinen Enkeln zerfiel das Großreich wieder; im Ostfrankenreich starb der letzte Karolinger 911, im Westfrankenreich wurden die Ansprüche eines karolingischen Thronprätendenten 987 beiseite geschoben. Danach kamen im künftigen Frankreich die Kapetinger auf den Königsthron, den sie in direkter männlicher Abstammung bis 1328 innehatten; im gleichen Zeitraum wechselte im ostfränkischen und später deutschen Reich mehr als fünfmal die Herrscherfamilie.

Im ostfränkischen Reich regierten seit 919 die in Ostsachsen begüterten *Ottonen*. Mit ihrem Antritt verschob sich der Schwerpunkt weit in den Nordosten, wo Schriftlichkeit noch kaum eine Rolle spielte und die ungeschriebenen Spielregeln einer Adelsgesellschaft galten. Das karolingische Vorbild wirkte jedoch bereits auf Otto I. (936–973), der zum Kaiser gekrönt wurde. Sein Enkel Otto III. (983–1002), dessen Mutter die Byzantinerin Theophanu war, entwickelte die Idee eines christlichen Großreichs, in das Polen und Ungarn einbezogen sein sollten.

Nach dem Aussterben der Ottonen traten 1024 die aus der

Abb. 8: Eine Weltchronik des 13. Jahrhunderts erläutert aus sächsischer Perspektive die Zusammenhänge zwischen Ottonen, Saliern und Staufern. Der erste König aus ottonischem Haus, Heinrich I. (919–936), erscheint zusammen mit seiner Frau Mathilde am Kopf der sich verzweigenden Königsgenealogie. Verbindungslinien zu Saliern (rechts außen in der dritten Reihe von unten) und Staufern (unterste Reihe) veranschaulichen die Abstammungsverhältnisse; daneben sind auch die französischen Kapetinger (links außen, beginnend mit *Hugo rex*) in das Verwandtschaftsschema eingegliedert.

Gegend am Mittelrhein stammenden *Salier* für etwa ein Jahrhundert die Regierung an. Die ersten salischen Könige nahmen ihre Herrschaftsansprüche auch gegenüber der Kirche energisch wahr; Heinrich III. (1039–1056) ließ drei Päpste absetzen und einen deutschen Bischof als neuen Papst wählen. Er hinterließ nicht nur eine gestärkte kirchliche Reformbewegung, sondern rief auch eine fürstliche Opposition auf den Plan. Unter Heinrich IV. (1056–1106) geriet das salische Königtum in eine schwere Krise, die sich in Bürgerkriegen und in der Wahl Rudolfs von Rheinfelden, des ersten Gegenkönigs der deutschen Geschichte, äußerte. Seine Regierungszeit war zudem ab 1075 von endlosen Auseinandersetzungen mit den Päpsten erfüllt (Investiturstreit). Beim Aussterben der Salier 1125 hatte sich die Lage mühsam wieder beruhigt.

Den salischen Besitz erbten die *Staufer*, die es zu Herzögen von Schwaben gebracht hatten. Sie waren nicht nur mit den Saliern verwandt, sondern auch mit den ebenfalls aus dem deutschen Südwesten stammenden Welfen, deren Hoffnungen auf den Thron enttäuscht wurden. 1138 wurde der erste Staufer zum deutschen König gewählt, dem die Ansprüche der Welfen erheblich zu schaffen machten. Ihm folgte Friedrich I. Barbarossa (1152–1190). Sein welfischer Vetter Heinrich der Löwe baute seine Macht in Norddeutschland stark aus, wurde jedoch 1180 auf Drängen einiger Fürsten gestürzt. Nach Konflikten mit den oberitalienischen Kommunen und dem Papsttum konnte Friedrich I. mit hegemonialem Anspruch in Europa auftreten. Die Eheschließung seines Nachfolgers mit der Erbin des unteritalischen Normannenreichs leitete die 1194 erfolgte Vereinigung des Kaiserreichs mit Unteritalien ein. Angesichts des Widerstandes der Päpste gegen diese Umklammerung des Kirchenstaats wurden die Energien der in der ersten Hälfte des 13. Jahrhunderts regierenden Könige in Italien gebunden. Friedrich II. (1198/1212–1250), der in Unteritalien aufgewachsen war, fasziniert noch heute wegen der normannisch-arabischen Aspekte seiner Hofkultur.

Auf den 1254 verstorbenen letzten staufischen König folgte in Deutschland ein *Interregnum* mit Herrschern wechselnder Herkunft, das mit Rudolf I. (1273–1291), dem ersten König aus der Familie der Habsburger, zu Ende ging. Er mußte wie alle Könige des Spätmittelalters auf der Basis seiner Hausmacht regieren, die er durch die Erwerbung Österreichs und der Steiermark aus dem habsburgischen

Stammgebiet, der heutigen Schweiz, in den Osten verlagerte. Im 14. Jahrhundert konnten sich die *Luxemburger* im Kampf um die Königswürde gegen Habsburger und Wittelsbacher durchsetzen. Ihre Ausrichtung an der französischen Kultur erhielt ein Gegengewicht, als sie im Königreich Böhmen seßhaft wurden, das Karl IV. (1346–1378) zum Kernland seiner Herrschaft machte. Unter ihm wurden in der Goldenen Bulle, einem ‹Reichsgrundgesetz›, verfassungsgeschichtliche Weichen im Hinblick auf die Königswahl und das Wählergremium gestellt. Sein Sohn Sigismund, der als König von Ungarn auf den deutschen Thron gelangte, entfaltete zu Beginn des 15. Jahrhunderts eine europaweite Aktivität, um eine konziliare Lösung des Großen Schismas zu unterstützen. Nach ihm ging die deutsche Königswürde 1437 auf seinen Schwiegersohn, einen *Habsburger*, über. Dessen Vetter und Nachfolger Friedrich III. (1440–1493) erlebte die längste Regierungszeit aller deutschen Könige, in der das Reich durch innere Unruhen und Bedrohungen an den westlichen wie östlichen Grenzen erschüttert wurde. Es gelang Friedrich III. jedoch, eine konsolidierte Herrschaft an seinen Sohn Maximilian I. (1486/1493–1519) zu übergeben, dessen Herrschaft in die Neuzeit überleitet.

45. Welche Rolle spielten Böhmen, Polen und Ungarn als Nachbarn des deutschen Reichs? Die im 6. Jahrhundert in *Böhmen und Mähren* seßhaft gewordenen slawischen Stämme bekehrten sich im 9. Jahrhundert zum Christentum. Eine anschließende politische Einigung führte zur Vorherrschaft der Tschechen und zur Zentralisierung politisch-kirchlicher Funktionen in Prag, das im 10. Jahrhundert zum Bischofssitz erhoben wurde. Die Herrscher Böhmens waren zunächst Herzöge und erlangten am Ende des 12. Jahrhunderts dauerhaft den Königstitel. Sie waren Lehensleute des römisch-deutschen Königs, doch Böhmen hatte trotz dieser Abhängigkeit stets eine Sonderstellung und entwickelte früh ein Bewußtsein seiner Eigenart. Im 13. Jahrhundert zogen zahlreiche deutsche Siedler nach Böhmen, die vor allem die Kultur der neu entstehenden Städte prägten. Am Beginn des 14. Jahrhunderts starben die seit dem 9. Jahrhundert regierenden Přemislyden im Mannesstamm aus, und Böhmen gelangte an die Luxemburger. Kaiser Karl IV. (1346–1378) baute Böhmen zum Schwerpunkt seiner Hausmacht und Prag zur Hauptstadt aus. Soziale, religiöse und «nationale» Spannungen kamen unter Karls Nachfolger Wenzel zum Ausbruch. Die Hussitenkriege des 15. Jahrhunderts spalteten das Land und bewirkten eine religiös-kulturelle Isolierung, die sich erst mit dem Herrschaftsantritt der Habsburger (1526) auflöste.

Auch über *Polen*, dessen Kernraum das Gebiet der westslawischen Polanen bildet, finden sich ausführlichere Nachrichten erst mit dem Übergang zum Christentum im 10. Jahrhundert. Unter Herzögen aus der Familie der Piasten expandierte Polen am Ende des 10. und zu Beginn des 11. Jahrhunderts stark, wobei für das Grenzgebiet bis zur Warthe Tributpflicht und für einzelne Gebiete wie die Lausitz oder Pommern Lehensabhängigkeit vom deutschen Reich bestand. Zur Jahrtausendwende besuchte Kaiser Otto III. Polen, dessen Herzog von ihm demonstrativ geehrt wurde. In diesem Zusammenhang erhielt das Land eine eigene Kirchenorganisation mit einem Erzbistum in Gnesen und Bistümern in Breslau, Kolberg und Krakau. Unter Ottos Nachfolgern verschlechterte sich das Verhältnis bald wieder, und die Expansionsgewinne Polens gingen verloren. Zum Zeichen ihrer Unabhängigkeit beanspruchten die polnischen Herzöge im 11. Jahrhundert den Königstitel. Nach einer Phase extremer Zersplitterung im 13. Jahrhundert kam ein erneuter politischer Aufstieg in der ersten Hälfte des 14. Jahrhunderts, als Krakau zum Sitz der Könige wurde und das polnische Territorium sich um etwa ein Viertel in Richtung Südosten vergrößerte. Im Jahr 1386 entstand in Gestalt der polnisch-litauischen Union der größte Flächenstaat im damaligen Europa, nachdem der Litauerfürst Jagiello zum Christentum übergetreten war, um eine polnische Königstochter zu heiraten und auf den Thron Polens zu gelangen. Er begründete die Dynastie der Jagiellonen, die Polen bis weit in die frühe Neuzeit beherrschte. Die städtische Kultur war besonders in Niederschlesien und Pommern stark von deutschen Siedlern bestimmt, die ab dem 13. Jahrhundert einwanderten; dazu kam im 14. Jahrhundert eine größere Zahl der vor den Pogromen im deutschen Reich flüchtenden Juden.

Die *Ungarn* werden mit ihrer Eroberung des Karpatenbeckens am Ende des 9. Jahrhunderts historisch faßbar. In der ersten Hälfte des 10. Jahrhunderts unternahmen sie weit ausgreifende Beutezüge nach Mittel- und Westeuropa, die erst durch ihre Niederlage gegen das Heer Ottos I. auf dem Lechfeld vor Augsburg im Jahr 955 ihr Ende fanden. Sie wurden im heutigen Ungarn seßhaft und holten

973 christliche Missionare in das Land. König Stephan der Heilige, der erste christliche König Ungarns, wurde von Otto III. um die Jahrtausendwende in ähnlich demonstrativer Form wie der Polenherzog geehrt. Wirren innerhalb der ungarischen Königsfamilie veranlaßten im 11. und 12. Jahrhundert wiederholt Eingriffe römisch-deutscher Könige, wobei am Ende des 12. Jahrhunderts auch Byzanz erfolgreich Einfluß zu nehmen suchte. Bereits seit dem 12. Jahrhundert ließen sich viele Siedler aus dem deutschen Reich in Ungarn, zuerst auf Königsgütern, nieder. Ungarn dehnte seine Herrschaftsansprüche auf dem Balkan im Laufe des 13. Jahrhunderts aus. Dies beeinflußte später in starkem Maß die Politik des Luxemburgers Sigismund, der 1387 auf den ungarischen Thron kam und 1414 zum römisch-deutschen König gekrönt wurde. Im 15. Jahrhundert bildete Ungarn das Hauptbollwerk des Westens gegen die osmanische Expansion. Nach der Niederlage des ungarischen Heeresaufgebots gegen die Türken und dem Tod des Königs im Jahr 1526 kam das Land unter habsburgische Herrschaft.

46. Welches Volk Europas hat die meisten Reiche gegründet? In Skandinavien lebende Völker bewiesen während des Früh- und Hochmittelalters eine erstaunliche Unternehmungslust, die sie unter verschiedenen Namen in ganz Europa bekannt machte.

Um 800 begannen die Dänen oder Normannen («Nordmänner»), Raubzüge in das Frankenreich und nach England zu unternehmen, befähigt durch technische Neuerungen im Schiffsbau und motiviert durch soziale Hintergründe wie etwa das einen Alleinerben begünstigende Erbrecht. In England bildeten sich mehrere Reiche, die später als Danelag bezeichnet wurden. In Dänemark selbst herrschten die Wikinger, wobei dieses Reich seine größte Ausdehnung unter Knut dem Großen um 1000 erfuhr, der zeitweise auch England in seine Gewalt brachte. Die Wikinger dehnten ihre Herrschaft auf Inseln wie Orkney und Shetland, aber auch bis Island und Grönland sowie nach Schottland und Irland aus. Ein Vorstoß nach Nordamerika unter Leif Eriksson blieb im 11. Jahrhundert allerdings Episode.

Zukunftweisend wurde die Maßnahme eines karolingischen Königs, der im 9. Jahrhundert dem dänischen Anführer Rollo das Mündungsgebiet der Seine als Lehen übergab; so entstand das Herzogtum Normandie. Als Herzog der Normandie eroberte Wilhelm der Eroberer 1066 England und errichtete dort eine straffe Königsherrschaft. Als Pilger und Söldner drangen französische Normannen in den Mittelmeerraum vor, wo sie unter Anführern aus dem Clan der Hauteville im 11. Jahrhundert in Unteritalien und auf Sizilien ein Reich begründeten, das im Jahr 1130 unter Roger II. zum Königreich aufstieg.

Eine völlig andere Stoßrichtung nahmen die manchmal auch «Rus» genannten Waräger, die als Expeditionsgemeinschaften über die großen Flüsse Osteuropas bis zum Kaspischen, Asowschen und Schwarzen Meer vorstießen und sich in den Gebieten Ostroms festsetzten. Hier gründeten sie das Kiewer Reich, das erste Großreich auf slawischem Boden. Da sie trotz häufigen Zuzugs aus Skandinavien stets nur eine kleine Herrschaftsgruppe waren, setzte sich ihre Kultur allerdings nicht nachhaltig durch, und die Waräger gingen bald in der slawischen Bevölkerung auf. Auch in Unteritalien verschwanden die Normannen im 13. Jahrhundert in der einheimischen Bevölkerung, nachdem es ihnen mehrere Generationen lang gelungen war, Elemente der vorgefundenen lateinischen, griechischen und arabischen Kulturen in ihrem Herrschaftsaufbau zu assimilieren. In England hingegen dominierten die französisch sprechenden Eroberer bis zum Ende des Mittelalters Kultur und Politik.

47. Worum ging es beim Investiturstreit? Der Begriff Investitur bezeichnet die mit Hilfe von Symbolen vollzogene Einführung in ein geistliches oder weltliches Amt. Bei der Einsetzung von Bischöfen verwendete Heinrich III. (1039–1056) neben dem Stab als erster König einen Ring. Damit wurde die Symbolik des Akts noch verstärkt, denn der Ring war das Sinnbild der geistlichen Ehe des Bischofs mit seiner Diözese. Zum Konflikt zwischen Königtum und Papsttum kam es, als sich ab der Mitte des 11. Jahrhunderts das Gedankengut der Kirchenreform ausbreitete. Ihr Ziel war, die Kirche vom Einfluß der Laien zu befreien (*libertas ecclesiae*), Simonie (Ämterkauf und -verkauf) und Priesterehe zu beseitigen und die römische Kirche als Zentrum der Christenheit zu etablieren. Da die Reformer einen sakralen Charakter des Königtums bestritten, war ihnen die Investitur von Bischöfen durch den König ein Dorn im Auge: sie galt ihnen als Laieninvestitur, bedeutete einen Angriff auf die Freiheit der Kirche und stand unter dem Verdacht der Simonie.

Abb. 9: Auf der Domtür von Gnesen ist Kaiser Otto I. (936–973) zu sehen, der dem heiligen Adalbert den Bischofsstab zum Zeichen seiner Investitur überreicht. Erstaunlicherweise wurde diese Szene im 12. Jahrhundert geschaffen, lange nach dem Ende des Investiturstreits, in dem den Herrschern das Recht, Bischöfe mit geistlichen Symbolen in ihr Amt einzuführen, abgesprochen worden war.

Der eigentliche Streit entzündete sich 1075 an der Einsetzung des mailändischen Erzbischofs durch König Heinrich IV. Nach Unmutsäußerungen Papst Gregors VII. versagten der König und deutsche wie oberitalienische Bischöfe ihm im Januar 1076 den Gehorsam. Darauf verhängte der Papst auf der Fastensynode im Februar 1076 den Kirchenbann über Heinrich IV. und löste die Untertanen vom Eid. Der Druck der fürstlichen Opposition im Reich veranlaßte Heinrich zu dem berühmten Gang nach Canossa, wo er sich Ende Januar 1077 vom Bann lösen konnte. In der Folgezeit setzte sich der Konflikt, bei dem Papst und König durch zusätzliche Probleme ihres politischen Umfelds bedrängt wurden, in gegenseitigen Absetzungen und weiteren Bannsprüchen fort. Ein allgemeines, auch auf den König anzuwendendes Verbot der Laieninvestitur erließ der Papst anscheinend erst im Jahr 1078. Die Auseinandersetzungen waren von einem wachsenden Ausstoß an Briefen, Traktaten und Pamphleten begleitet, mit denen beide Seiten ihren Standpunkt zu untermauern suchten oder Lösungsvorschläge machten.

Der Streit wurde schließlich 1122 durch die Vermittlung der deutschen Fürsten in einem Ausgleich zwischen König Heinrich V. und Papst Calixt II. beigelegt. Die Lösung, durch die dieses Wormser Konkordat ermöglicht wurde, lag in der Unterscheidung von geistlichen Amtsvollmachten (Spiritualien) und weltlichen Hoheitsrechten (Temporalien) der bischöflichen Amtsträger. Die Laieninvestitur bestand zwar fort, bezog sich aber nun ausdrücklich nur auf die vom Königtum verliehenen Güter und Rechte (Regalien) der Kirche. Der König verzichtete dabei auf die Investitur mit Ring und Stab und sicherte die freie kanonische Wahl der Bischöfe und Reichsäbte zu. Der Papst gestand im Gegenzug die Anwesenheit des deutschen Königs bei der Wahl sowie die Verleihung der Regalien mit dem weltlichen Symbol des Szepters zu. Bischöfe und Reichsäbte wurden nun geistliche Reichsfürsten und gehörten zur Schicht der obersten Lehnsträger im Reich. Die Bedeutung des Investiturstreits wird meist darin gesehen, daß die im Frühmittelalter aufgebaute Verschränkung kirchlicher Strukturen und königlicher Herrschaft auseinanderbrach oder zumindest grundlegend umgebildet wurde.

48. Wieso galten die Kreuzzüge als gerechte Kriege? Nach mittelalterlichem Verständnis war ein Krieg dann gerecht, wenn er zur eigenen Verteidigung oder zur Wiedereroberung geraubten Guts diente und von einer hierzu berechtigten Autorität ausgerufen wurde. Durch das Leben und Leiden Jesu galt das Heilige Land den Christen als ihr ureigenster Besitz, der im 11. Jahrhundert von den muslimischen Seldschuken erobert wurde. Im Jahr 1095 rief Papst Urban II. in Clermont den Ersten Kreuzzug aus, um Byzanz in seinem Abwehrkampf gegen die Ungläubigen zu unterstützen und Jerusalem zu befreien. Unerwartet viele Menschen aus allen sozialen Gruppen nahmen mit dem Ruf «Gott will es!» das Kreuz, und der Kriegszug entwickelte rasch das auch für die späteren Kreuzzüge typische Eigenleben, das sich vor allem am Rhein zuerst in Judenpogromen äußerte. 1099 eroberten die Kreuzfahrer Jerusalem und richteten ein Massaker unter den Bewohnern an. Gottfried von Bouillon wurde zum ersten lateinischen Herrscher von Jerusalem gewählt; es folgte die Gründung mehrerer Kreuzfahrerstaaten im Heiligen Land. Nach dem Dritten Kreuzzug änderte sich das Ziel: nicht mehr das Heilige Land, sondern Ägypten wurde von den Kreuzfahrern angesteuert. Seit dem ausgehenden

14. Jahrhundert wurden Kreuzzüge gegen die osmanische Expansion in Kleinasien und auf dem Balkan ausgerufen; die in den östlichen Mittelmeerraum gerichteten Unternehmungen des 15. Jahrhunderts leiteten schließlich zu den Türkenkriegen der frühen Neuzeit über.

Die Kreuzzüge in das Heilige Land galten als bewaffnete Pilgerfahrten, die den Teilnehmern einen vollkommenen Ablaß versprachen. Kreuzzüge richteten sich aber nicht nur gegen die Muslime im Heiligen Land, Ägypten und Spanien, sondern auch gegen heidnische Völker in Europa, insbesondere im Ostseeraum. Zudem wurden Kreuzzüge gegen christliche Häretiker geführt, so der äußerst blutige Albigenserkreuzzug (1208–1229) und die letztlich erfolglosen Hussitenkreuzzüge des 15. Jahrhunderts. Schon im 12. Jahrhundert wurde kritisiert, daß nicht allein Frömmigkeit, sondern auch Abenteuerlust und Besitzgier viele Kreuzfahrer antrieben.

Als bleibende Folgen der hochmittelalterlichen Kreuzzüge werden häufig Phänomene des Kulturtransfers genannt, doch ist der Austausch zwischen islamischer und christlicher Kultur wohl eher auf Zeiten friedlichen Zusammenlebens als auf Phasen kriegerischer Auseinandersetzung zurückzuführen. Eine Spätfolge der neuesten Zeit ist die Legitimation antiwestlicher Ziele des islamischen Fundamentalismus durch das Schreckbild der christlichen Kreuzheere.

49. Was war besser, als auf den Kreuzzug ins Heilige Land zu gehen? Die zum Ersten Kreuzzug aufbrechenden Kreuzfahrer verstanden sich als christliche Kämpfer, denen die Eroberung der Wirkstätten Christi ein heiliges Anliegen war. Doch genügte einem Teil von ihnen diese Überhöhung des Kampfes gegen die Ungläubigen noch nicht, sie steigerten ihren religiösen Lebensentwurf weiter, indem sie Ritter und Mönche zugleich sein wollten. Kurz nach dem Ersten Kreuzzug bildeten sich Gemeinschaften von Rittern, die wie Mönche Armut, Keuschheit und Gehorsam gelobten und sich im karitativen Bereich, beim Schutz der Pilger und bei der Bekämpfung von Heiden und Häretikern betätigten. Als erster wurde 1120/29 der Templerorden vom Papst bestätigt, der somit die Verbindung von Kampf und Ordensleben offiziell anerkannte; es folgten die Johanniter und der Deutsche Orden. Auf der Iberischen Halbinsel bildeten sich seit der Mitte des 12. Jahrhunderts die ersten Ritterorden im Zuge der Reconquista; bald gab es geistliche Ritterorden auch im Baltikum.

Die relativ straff zentralistisch organisierten Ritterorden standen unter der Führung von Meistern; die männlichen Mitglieder waren unterteilt in Ritter, dienende Brüder und Kleriker. Es gab auch weibliche Zweige, die sich rein karitativen Aufgaben widmeten. Die Ritterorden bildeten zeitweise die stärkste Militärmacht in den Kreuzfahrerstaaten und Teilen Spaniens, da sie über stehende Heere verfügten und dauernd Nachschub rekrutierten. Auch erwarben sie im Laufe der Zeit große Ländereien und Besitztümer, die in ganz Europa verstreut waren. Im 13. Jahrhundert wurde immer stärkerer Unmut über den Reichtum der Ritterorden laut, zumal diese mit dem Fall der Kreuzfahrerstaaten im Heiligen Land ihren ursprünglichen Sinn verloren zu haben schienen. Dies führte unter anderem zu dem aufsehenerregenden Sturz des Templerordens am Beginn des 14. Jahrhunderts. In der Neuzeit verwandelten sich die geistlichen Ritterorden weitgehend in Einrichtungen mit karitativem Schwerpunkt, die zum Teil heute noch existieren.

Eine bedeutende Rolle in der deutschen Geschichte spielte der Aufbau eines unabhängigen Ordensstaats in Preußen, mit dessen Eroberung der Deutsche Orden 1231 begann, um wenige Jahre später noch Livland zu erwerben. Zwischen diesen beiden Gebieten lag heidnisches Land; hier führten Ritter aus dem deutschen Reich und Westeuropa im Spätmittelalter jährlich «Saisonkreuzzüge», die für sie zum gesellschaftlichen Ereignis wurden. Als ein Litauerfürst 1386 zum Christentum übertrat und Papst wie Kaiser weitere Kreuzzüge gegen die neu entstandene polnisch-litauische Union untersagten, wurde die Lage für den Deutschen Orden schwierig. Nach militärischen Niederlagen, Ständekämpfen innerhalb des Ordenslandes und territorialen Verlusten begann in der Mitte des 15. Jahrhunderts eine verdeckte Säkularisierung, die am Beginn des 16. Jahrhunderts zum Austritt des Hochmeisters aus dem Orden und zur Umwandlung Preußens in ein Herzogtum führte.

50. Was war das Interregnum? Ein Interregnum ist die Zeit fehlender Herrschaft zwischen dem Ende einer Regierung und dem Beginn der nächsten. In der deutschen Geschichte wird damit das Vierteljahrhundert zwischen dem auf 1245 oder 1250 datierten Ende der Herrschaft Friedrichs II. und der Königswahl Rudolfs von

Habsburg im Jahr 1273 bezeichnet. Friedrich Schiller sprach von «der kaiserlosen, der schrecklichen Zeit» und griff damit eine negative Wertung auf. Heute wird jedoch betont, daß die Schwäche des Königtums die Suche nach alternativen Ordnungsprinzipien und Entscheidungsformen begünstigte.

Nach der Absetzung Friedrichs II. durch den Papst (1245) wählten seine deutschen Gegner zwei aufeinander folgende Gegenkönige, Landgraf Heinrich Raspe von Thüringen und Graf Wilhelm von Holland und Seeland. Auch nach Friedrichs Tod (1250) konnte Wilhelm seine Herrschaft nie über seinen direkten Einflußbereich am Niederrhein hinaus ausdehnen; er entzweite sich teilweise mit seinen Verbündeten. Da schlossen sich 1254 auf eine Initiative der rheinischen Handelsstädte geistliche und weltliche Fürsten mit den Städten im rheinischen Städtebund zusammen, der sich dem Selbstschutz, der Friedenserhaltung und der Konfliktregelung unter seinen Mitgliedern widmete. Die politische Durchsetzungsfähigkeit des Bundes war jedoch durch die Gleichrangigkeit seiner Mitglieder begrenzt. Es wurde kein Verfahren entwickelt, das nach dem Tod Wilhelms von Holland eine unstreitige Neuwahl ermöglicht hätte. Anfang 1257 wurden Alfons X. von Kastilien und der Bruder des englischen Königs, Richard von Cornwall, als römisch-deutsche Könige gewählt. Beide erschienen durch ihre dynastischen Verbindungen mit den Staufern und ihre starke Stellung im eigenen Land als geeignete Kandidaten, doch zeigten sie kaum Interesse an einer Durchsetzung ihrer Königsherrschaft. Der von der Kurie unterstützte Richard kam nach seiner Krönung noch drei Mal nach Deutschland, Alfons betrat nie den Boden des Reichs. Die Doppelwahl verdeutlicht die europäische Dimension des Interregnums.

Nach dem Tod Richards einigten sich im Oktober 1273 die rheinischen Erzbischöfe, der Herzog von Sachsen, der Markgraf von Brandenburg, der Pfalzgraf bei Rhein und der Herzog von Niederbayern gegen den Protest des böhmischen Königs Ottokar, der selbst Anspruch auf den Thron erhob, auf die Wahl Rudolfs von Habsburg zum römisch-deutschen König. Der auf genossenschaftlichen Entscheidungsverfahren beruhende Wahlmodus erwuchs aus den Erfahrungen des Interregnums. Erst die habsburgische Geschichtsschreibung stellte die Zeit vor Rudolf als eine Periode von allgemeiner Gewalt und Regellosigkeit dar.

51. Woher kam die Pest, und welche Auswirkungen hatte sie? Die Pest wurde durch die Tataren aus Asien bei einem Kriegszug auf die Krim eingeschleppt und gelangte mit den aus der belagerten Handelsniederlassung Caffa flüchtenden Genuesen 1347 nach Italien. Von dort breitete sich diese große Pandemie den Seewegen folgend in ganz Europa aus. Die durch Bazillen ausgelöste Krankheit trat in zwei Varianten auf, als Beulenpest und als Lungenpest, und wurde durch Rattenflöhe und durch menschliche Ansteckung verbreitet.

Im deutschen Reich, das die erste Pestwelle 1348 bis 1351 erfaßte, wurde ähnlich wie in Frankreich den Juden die Schuld gegeben, die angeblich die Brunnen vergiftet und dadurch die Seuche verursacht hätten. Die Folge waren ausgedehnte Pogrome, in denen zahlreiche jüdische Gemeinden vernichtet wurden. Der Legende der Brunnenvergiftung konnte keine allgemein anerkannte medizinische Erklärung entgegengestellt werden. Südlich der Alpen herrschte die Auffassung vor, die Pest sei durch eine ungünstige Konstellation der Gestirne oder durch ungesunde Dämpfe verursacht und durch die Luft verbreitet worden, während sie nördlich der Alpen in weiten Teilen als Strafe Gottes für die sündige Menschheit galt. Massenumzüge von Geißlern wollten stellvertretend Buße leisten und trugen zur weiteren Ausbreitung der Pest bei. Wenn auch über die Ursachen keine Einigkeit zu erzielen war, so beschäftigte sich die Medizin des 14. Jahrhunderts doch intensiv mit der Pestprophylaxe und der Therapierung von Erkrankten und konnte aufgrund aufmerksamer Beobachtung durchaus wirksame Maßnahmen vorschlagen. Weltliche Obrigkeiten verkündeten Quarantäneauflagen, Entsorgungsvorschriften, Gebote zur Straßenreinigung und Verbote der Straßentierhaltung; daneben wurde auch die Luxusgesetzgebung verschärft.

Durch die wiederholten Pesterfahrungen traten widersprüchliche Änderungen in Verhalten und Mentalität der Menschen ein: sowohl eine Vertiefung der Frömmigkeit als auch ungehemmte Ausbrüche von Lebensfreude, sowohl die Auflösung familiärer Bindungen als auch neue Zusammenschlüsse in Bruderschaften sind Folgen dieser Erfahrungen. Auch änderte sich die Einstellung zu Tod und Begräbnis, da die Massenbegräbnisse der ersten Pestwellen es geraten sein ließen, noch zu Lebzeiten für eine angemessene Gestaltung der eigenen Grabstätte zu sorgen.

Die gravierendste Auswirkung der Pest war ein Bevölkerungsrückgang um ca. 30 %, wobei es aber starke regionale Schwankungen gab. Auch waren die unteren Schichten durch beengte, unhygienische Lebensbedingungen stärker betroffen. Eine weitere Folge war die vermehrte Abwanderung von Landbewohnern in die Städte, wo sie günstigere Arbeits- und Wirtschaftsverhältnisse für sich erreichen konnten. In der ersten Hälfte des 15. Jahrhunderts sank die europäische Gesamtbevölkerung unter die Hälfte des Niveaus von 1348, das erst im 16. Jahrhundert wieder erreicht wurde. Die Pest ist im 18. Jahrhundert aus Europa verschwunden, existiert aber bis heute in anderen Weltregionen.

52. Wo fand der Hundertjährige Krieg statt, und wie lange dauerte er? Als Hundertjähriger Krieg werden die immer wieder aufflammenden Auseinandersetzungen zwischen den Königreichen England und Frankreich bezeichnet, die auf dem Boden des neuzeitlichen französischen Staates stattfanden. Im Mittelalter waren jedoch große Teile davon im Besitz der englischen Krone, welche die englischen Könige formal von der französischen Krone zu Lehen hatten. Diese Konstellation rief schon im 12. Jahrhundert Konflikte hervor.

Philipp VI. Valois, der seit 1328 auf dem französischen Thron saß, versuchte die Lehenshoheit Frankreichs über die englische Gascogne zu betonen. 1337 konfiszierte er das Gebiet mit der Begründung, Eduard III. von England habe seine Lehenspflicht verletzt. Dieser sprach daraufhin Philipp VI. das Recht auf die französische Krone ab und beanspruchte sie selbst als Enkel Philipps des Schönen (1285–1314). Philipp VI. war zwar nur der Neffe dieses Königs, doch sein Erbanspruch leitete sich aus der männlichen Erbfolge ab, während Eduard III. über seine Mutter, eine Tochter Philipps des Schönen, mit dem französischen Königshaus verwandt war.

Zunächst lag das Kriegsglück auf Seiten der Engländer, die 1346 bei Crécy erstmals ein zahlenmäßig überlegenes französisches Ritterheer vernichteten und 1347 Calais als sicheren Hafen auf dem Kontinent eroberten. Mit der Gefangennahme König Johanns des Guten im Jahr 1356 geriet die französische Monarchie in eine tiefe Krise. England hingegen profitierte vom Krieg, dessen Bedeutung für die Zusammengehörigkeit aller Engländer dadurch unterstrichen wurde, daß die Eliten und die königliche Verwaltung sich zugunsten der englischen Sprache vom normannischen Französisch abwandten. Der geschlagene König Johann gestand Eduard 1360 im Frieden von Brétigny große Landgewinne als Allod (ohne Lehensverpflichtung) zu, während sich der englische König bereit erklärte, auf den französischen Königstitel zu verzichten. Der nächste französische König, Karl V. (1364–1380), ließ jedoch den Krieg mit kastilischer Unterstützung wiederaufleben und konnte einen großen Teil des aufgegebenen Landes zurückerobern. Die Geisteskrankheit seines Nachfolgers Karl VI. und Auseinandersetzungen zwischen Adelsparteien brachten Frankreich in eine neuerliche Zwangslage, die der englische König Heinrich V. nutzte, um den Krieg wiederaufzunehmen. Im Oktober 1415 konnte er die Schlacht bei Azincourt für sich entscheiden und 1420 im Vertrag von Troyes die französische Krone für seine Nachkommen aus der Ehe mit der Tochter Karls VI. erwerben.

Inspiriert von göttlichen Stimmen, gelang es der lothringischen Bauerntochter Jeanne d'Arc im Jahr 1429, das von den Engländern belagerte Orléans zu befreien und Karl VII. zur Krönung nach Reims, dem traditionellen Krönungsort der französischen Könige, zu führen. Nach einigen erfolglosen militärischen Unternehmungen wurde sie 1430 von den Burgundern gefangengenommen, an die Engländer verkauft und 1431 nach einem Prozeß in Rouen als Hexe verbrannt. Trotzdem hatte Jeannes Auftreten dem französischen Widerstand gegen die nun als fremde Eindringlinge betrachteten Engländer Auftrieb verschafft.

Im Vertrag von Arras versöhnte sich Karl VII. 1435 mit dem Herzog von Burgund. Nun konnte sich Frankreich zunehmend militärisch durchsetzen. Im Jahr 1453 endeten die englische Herrschaft auf dem Kontinent und der Hundertjährige Krieg, der seit 1337 mit mehr oder weniger Intensität geherrscht hatte. Diese lange Auseinandersetzung schuf die Grundlage für die klare Trennung einer englischen und einer französischen Identität. Darüber hinaus begründete sie jedoch auch eine nationale Rivalität, so daß die zahllosen englisch-französischen Konflikte bis zu den Napoleonischen Kriegen bisweilen als Verlängerung des Hundertjährigen Krieges betrachtet werden.

53. Welche Bedeutung hatten die Konzile von Konstanz und Basel? Der Konziliarismus des Spätmittelalters stellte Konzile, auf denen die Gesamtkirche vertreten war, als Organ der Kirchenlenkung neben und über das Papsttum. Diese zunächst in akademischen Kreisen formulierte Lehre widersprach der monarchischen Position des Papstes, die seit dem Hochmittelalter innerhalb der westlichen Kirche verankert war. Die Einberufung der Konzile von Konstanz und Basel war ein Ausdruck der Krise des Papsttums im abendländischen Schisma, aber auch der gefühlten Reformunwilligkeit der höheren kirchlichen Hierarchie.

Das Konstanzer Konzil (1414–1418) setzte sich drei Schwerpunkte, nämlich die Suche nach Lösungsmöglichkeiten für das Schisma, die Überwindung der Lehren des Jan Hus und seiner böhmischen Anhänger sowie die Reform der Kirche «an Haupt und Gliedern». Das Schisma war dabei das drängendste Problem, und seine Lösung war der größte Erfolg des Konzils. Seit dem Konzil von Pisa (1409) gab es drei Päpste, Johannes XXIII., Gregor XII. und Benedikt XIII. Nach längeren Verhandlungen wurden Johannes und Benedikt abgesetzt, Gregor dankte ab. Als neuer Papst wurde 1417 Martin V. gewählt, der das Papsttum endgültig nach Rom zurückführte. Trotz der Zusicherung freien Geleits wurde Jan Hus 1415 in Konstanz als Ketzer verbrannt, worauf sich seine Anhänger radikalisierten und in Böhmen und im Reich die Hussitenkriege ausbrachen. Die Reform der Kirche wurde wegen des Schismas zurückgestellt. Für die Zukunft sollten sowohl die Überordnung des Konzils über den Papst – zumindest im Notstand – als auch die regelmäßige Abhaltung von Konzilen festgeschrieben werden.

Das Basler Konzil (1431–1449) faßte zahlreiche Reformbeschlüsse, deren Erfolge aber umstritten sind, und schloß 1436 einen Kompromißfrieden mit den Hussiten, die als Konfession innerhalb Böhmens anerkannt wurden. Durch eine ausgeklügelte Organisationsform sollte in Basel größtmöglicher Konsens unter den Teilnehmern hergestellt werden. Das schwierige Verhältnis zu Papst Eugen IV. endete in der Wahl des letzten Gegenpapstes der Kirchengeschichte. Da es Eugen IV. 1438 gelang, eine Kirchenunion mit Vertretern der Ostkirche abzuschließen, konnte er sich als Sieger der Auseinandersetzung mit dem Basler Konzil fühlen, die erst durch seinen Nachfolger beigelegt wurde.

Die Konzile von Konstanz und Basel repräsentieren die Möglichkeit einer alternativen Entwicklung der Kirchenverfassung. Ihr Scheitern machte den Weg für das Papsttum der Hochrenaissance frei, dessen Selbstdarstellung und politisches Agieren mit dem Schlagwort der Verweltlichung umschrieben und zu den Hauptursachen der protestantischen Reformation gezählt werden. Ein positiver Nebeneffekt bleibt, daß alle Kirchenversammlungen des 15. Jahrhunderts als Treffpunkte und Informationsbörsen von großer Bedeutung für die Ausbreitung des Humanismus waren.

54. Warum verhinderte der Westen die Eroberung Konstantinopels durch die Türken nicht? Das byzantinische Reich konnte nach der Eroberung Konstantinopels durch das westliche Kreuzfahrerheer am Ende des Vierten Kreuzzugs (1204) nie mehr seine frühere Bedeutung erringen. Ab etwa 1280 breiteten sich in Kleinasien türkische Gruppen unter der Führung osmanischer Sultane aus, die ihre Expansion im 14. Jahrhundert auf den Balkan fortsetzten. Der serbische Widerstand wurde in der Schlacht auf dem Amselfeld 1389 gebrochen. Byzanz wurde so immer stärker isoliert und bestand schließlich nur mehr aus Konstantinopel und seinem Hinterland, einem Territorium am Schwarzen Meer mit dem Zentrum Trapezunt und einigen Despotaten auf der Peloponnes.

Die byzantinischen Kaiser suchten vergeblich im Westen Hilfe. Der Papst forderte als Voraussetzung für militärische Unterstützung eine Union der Glaubensgemeinschaften unter Anerkennung des römischen Primats, womit die byzantinische Bevölkerung niemals einverstanden war. Als ein Kreuzzug unter der Führung König Sigismunds von Ungarn zustande kam, der die osmanischen Angriffe an der ungarischen Grenze abwehren sollte, wurde das Heer 1396 bei Nikopolis vernichtend geschlagen. Eine kurze Atempause verschaffte dem Westen das Vordringen der Mongolen unter Timur Lenk, der die Osmanen von Asien her stark unter Druck setzte.

Auf einem Konzil, zu dem der byzantinische Kaiser, der Patriarch von Konstantinopel und viele Würdenträger der Ostkirchen erschienen, kam es in Florenz 1438 zu einer Kirchenunion, die in Byzanz auf großen Widerstand stieß. Auch waren die westlichen Reiche untereinander in kriegerische Auseinandersetzungen verstrickt. Schließlich täuschte man sich über die Absichten Sultan Mehmeds II. (1451–1483), der seit seinem Antritt die Eroberung Konstantinopels anstrebte. Die byzantinischen Hilferufe wurden deshalb im Westen überhört, und nur der Papst entsandte ein spärliches Hilfskontingent. Mehmed II. eroberte am 29. Mai 1453

Konstantinopel nach einer mehrwöchigen Belagerung, in deren Verlauf die größten Kanonen der damaligen Zeit eingesetzt wurden. Beim Sturm auf die Stadt fiel der letzte byzantinische Kaiser, Konstantin IX., und es kam zu Plünderungen und Greueltaten, die in der Folge das westliche Feindbild vom Türken prägten. Konstantinopel, dessen Name im heutigen Istanbul weiterlebt, wurde zur Hauptstadt des Osmanischen Reichs gemacht. Auch die übrigen byzantinischen Enklaven wurden rasch erobert. Damit war der letzte Rest des antiken römischen Reichs untergegangen, und an die Stelle Byzanz' trat das Osmanische Reich, das bis zum Ende des Ersten Weltkriegs fortbestand.

55. Seit wann gehört die Iberische Halbinsel zum christlichen Abendland? Im Januar 1492 wurde Granada, das letzte Emirat in Andalusien, nach zehnjährigem Krieg durch Truppen des katholischen Königspaars Isabella von Kastilien und Ferdinand von Aragon erobert. Damit gingen fast acht Jahrhunderte maurischer Kultur auf der Iberischen Halbinsel zu Ende, die 711 mit dem Zusammenbruch des Westgotenreichs begonnen hatten. Zu Ende ging auch eine fast ebenso lange Epoche der christlichen Rückeroberung (Reconquista), denn die Herrschaft der Kalifen und Emire konnte nie die gesamte Iberische Halbinsel gleichmäßig erfassen. Vor allem im Norden gab es von Anfang an christliche Widerstandsnester. Auf ihrem Höhepunkt stand die Reconquista vom 11. bis zum 13. Jahrhundert, als den christlichen Herrschern von Kastilien-Léon, Aragón-Navarra und Portugal zum Teil mit Unterstützung europäischer Kreuzfahrer bedeutende Landgewinne gelangen. Erleichtert wurde das christliche Vordringen durch Probleme im Inneren der muslimischen Welt, wie den Zerfall des Kalifats von Cordoba oder die Schwäche nordafrikanischer Reiche. Granada konnte sich dank nordafrikanischer Unterstützung halten, die um 1350 ausfiel; seine spätere Geschichte ist nur mehr ein Nachklang der großen maurischen Epoche. Die Iberische Halbinsel war im kulturellen Horizont Europas in allen Phasen ihrer Entwicklung präsent, sei es durch Werke westgotischer Verfasser im Frühmittelalter, Übersetzungen antiker Autoren durch arabische Gelehrte im Hochmittelalter oder Texte aus christlicher Feder, über die viele arabische Lehnwörter in die Volkssprachen einwanderten. Auch war das maurische Spanien vom 8. Jahrhundert bis zum Fall

Granadas ein wichtiger Zuckerlieferant, und die Kenntnis der Papierfabrikation könnte von Cordoba, wo Papier schon am Ende des 10. Jahrhunderts hergestellt wurde, über das christliche Katalonien nach Italien gelangt sein. Es wäre falsch, die Iberische Halbinsel in den Zeiten islamischer Herrschaft aus der abendländischen Geschichte auszuschließen; ihre historische Bedeutung liegt vielmehr in der jahrhundertelangen Vermittlung zwischen dem islamischen und dem christlichen Kulturkreis.

Wirtschaft, Landwirtschaft, Technik

56. Wie veränderte sich die Arbeit der Bauern?

Landwirtschaft beruhte auf der bäuerlichen Familienwirtschaft und der grundherrlichen Gutswirtschaft. Ursprünglich war die Hufe (ca. 10–16 ha) die Normalausstattung einer Bauernfamilie, doch verkleinerten sich die Betriebsgrößen seit dem Hochmittelalter. Gleichzeitig reduzierte sich die auf einer Bauernstelle lebende Verwandtschaftsgruppe auf die Kernfamilie; bäuerliche Großfamilien waren im Spätmittelalter regional begrenzte Sondererscheinungen.

Niedrige Produktivität und hohe Anfälligkeit für Mißernten kennzeichnen die mittelalterliche Landwirtschaft. Die Bauern bauten hauptsächlich Getreide an, doch auch die Viehzucht spielte eine Rolle, unter anderem wegen der engen Verknüpfung mit dem Ackerbau, für den Spanntiere und Dung benötigt wurden. Die bäuerliche Wirtschaft nutzte auch den Wald für die Schweinemast und den Garten, wo Hirse, Rüben, Flachs, Hanf, Erbsen, Linsen, Bohnen und Kohl angebaut wurden. Ackerbau und Viehzucht dienten in erster Linie der Versorgung der Familie und den Abgaben an den Grundherrn. Mit dem Aufkommen der Städte im Hochmittelalter wurden die Bauern angeregt, Überschüsse zu produzieren, die sie auf dem städtischen Markt absetzen konnten. Damit begann die Geldwirtschaft auch auf dem Land Einzug zu halten.

Im Frühmittelalter war die Landwirtschaft ähnlich wie in der Antike geprägt von einfachen Anbausystemen wie Feldgraswirtschaft mit längeren Ruhephasen zwischen den Bebauungsphasen, Einfeldwirtschaft und Daueracherbau. Erst aufgrund des demographischen und wirtschaftlichen Drucks kam es im Hochmittelalter zu Änderungen, denn durch das Bevölkerungswachstum wurde es notwendig, den Ackerbau zu intensivieren und das Kulturland auszuweiten. Die Zwei- und seltener auch Dreifelderwirtschaft – jedes der drei Flurstücke wurde in regelmäßiger Folge mit Wintergetreide im ersten und mit Sommergetreide im zweiten Jahr bebaut, während es im dritten Jahr brachlag – setzte sich durch, und die Anbauflächen für Getreide vergrößerten sich. Eine Steigerung der Erträge um ca. 50 % und eine bessere Arbeitseffektivität waren die wichtigsten Vorteile der Dreifelderwirtschaft.

Auch die Arbeitsmethoden veränderten sich. Die Verbesserung des Pferdegeschirrs (Kummet) und die Erfindung des Hufeisens ermöglichten es, nun zunehmend die kräftigeren Pferde als Zugtiere einzusetzen, auch wenn die Ochsen immer noch die am meisten gebrauchten Spanntiere blieben. Die erhöhte Zugleistung begünstigte den Einsatz des schweren, mit eisernen statt hölzernen Sechen (Pflugmessern) und Scharen besetzten Räderpfluges. So konnten die schweren nordwesteuropäischen Böden besser bearbeitet werden als mit dem leichten hölzernen Hakenpflug, der dennoch während des gesamten Mittelalters vorherrschte. In der Getreideernte wie bei der Heugewinnung setzte sich bis zum 14. Jahrhundert die effektivere Sense gegenüber der Sichel durch. Diese technischen Neuerungen des 12. und 13. Jahrhunderts waren nicht überall bekannt. Immerhin war aber der Dreschflegel schon im 13. Jahrhundert weit verbreitet.

57. Wie wurden Einkünfte und Ausgaben kontrolliert? Viele der aus dem Mittelalter erhaltenen Dokumente sind durch das Bedürfnis entstanden, Verwaltungsabläufe zu kontrollieren. Den Löwenanteil an Verzeichnissen von Besitz und Einkünften haben im Frühmittelalter kirchliche Institutionen. Weltliche Institutionen folgen im deutschen Reich mit großem Abstand; das älteste Verzeichnis der königlichen Tafelgüter stammt wahrscheinlich erst aus dem 12. Jahrhundert. Über eine ungleich reichere Überlieferung verfügt das englische Königtum, darunter das Domesday Book, eine minutiöse Aufstellung des königlichen Einnahmequellen aus dem Jahr 1086. Die allgemeine Zunahme der Schriftlichkeit, aber auch der Aufschwung der Städte und die Entstehung der Banken führen seit dem Hochmittelalter zu einer explosionsartigen Vermehrung

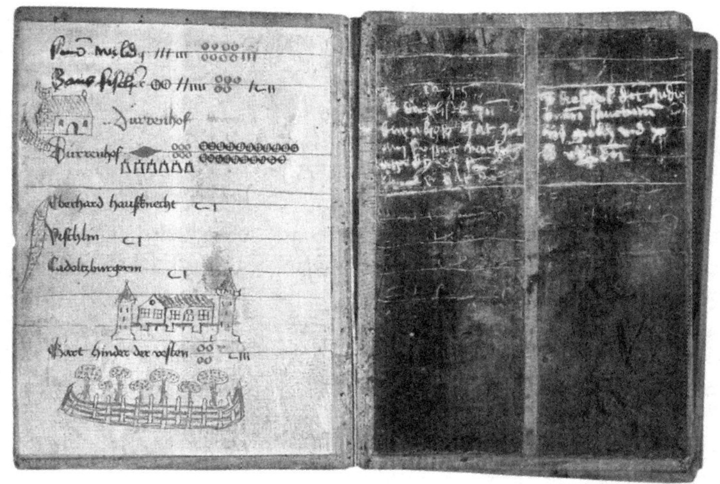

Abb. 10: Die Abgaben der Bauern, die zur Grundherrschaft der Reichsveste Nürnberg gehörten, wurden in der ersten Hälfte des 15. Jahrhunderts in diesem Wachstafelbuch abgerechnet. Es besteht aus Holztäfelchen, die abwechselnd mit Papier beklebt und mit Wachs überzogen sind. Auf den Papierseiten sind die Orte der Grundherrschaft mit den Namen der abgabenpflichtigen Bauern mit roter und schwarzer Tinte eingetragen; unterschiedliche Symbole drücken Geldzahlungen und Naturalleistungen aus. Auf der Wachsfläche wurden Vermerke zu Zahlungen oder Rückständen eingeritzt, die mit dem stumpfen Ende des Griffels leicht zu tilgen waren.

der Verwaltungsdokumente. Im 14. und 15. Jahrhundert finden sich zunehmend Serien von Registern, in denen die Entwicklung von Grundbesitz, Lehen, Einnahmen und Ausgaben einer Institution, einer Familie oder eines Territoriums über einen längeren Zeitraum verfolgt werden kann. Die erhaltenen Register stellen meist nur die letzte Reinschrift der Buchführung dar, deren frühere Stadien auf Schiefer- und Wachstäfelchen, Pergament- und Papierstreifen oder in Kladden notiert wurden. Die doppelte Buchführung, die einen Qualitätssprung der Kontrolle brachte, wurde im 14. Jahrhundert vermutlich in Italien erfunden. Erste Ansätze zu einem Budget im modernen Sinn, also zu einer vorausschauenden Planung der Einkünfte und Ausgaben, lassen sich im Herzogtum Burgund kurz vor 1450 feststellen. Versuche einer bewußten Sparpolitik, die Fürsten im 15. Jahrhundert hin und wieder unternahmen, waren meist nicht erfolgreich, während die gleichzeitigen Ordensreformen in der Regel eine wirtschaftliche Sanierung der betroffenen Klöster bewirkten.

58. Wie wurden Märkte und Messen organisiert? Im 9. Jahrhundert, unter der Herrschaft der Karolinger, wurde die Genehmigung durch den König Voraussetzung für die Gründung eines Marktes. Im deutschen Reich begannen allerdings ab dem 11. Jahrhundert die Grundherren, ohne Erlaubnis des Königs ständige und Wochenmärkte abzuhalten. Auch die auf den Fernhandel ausgelegten Jahrmärkte entstanden seit dem 12. Jahrhundert oft ohne königliche Genehmigung. Allein bei den Reichsstädten blieb das königliche Marktgründungsrecht erhalten.

Zur Gründung eines Marktes gehörte die Stiftung des Marktrechts, in dem die Regeln des An- und Verkaufs festgeschrieben wurden. Auch gewährte der Grundherr, auf dessen Land der Markt stattfand, als Marktherr den Händlern oft besondere Privilegien für die Dauer des Marktes. So sicherte er den Kaufleuten sicheres Geleit in einem bestimmten Umkreis des Marktorts zu, oder er erließ Zollermäßigungen, um Händler auf den Markt zu locken. Häufig herrschte Stapelzwang. Fremde Kaufleute mußten, auch wenn sie nur auf der Durchreise waren, ihre Waren den einheimischen Händlern zum Verkauf anbieten. Das bedeutete auch, daß der Handel fremder Händler untereinander unter Umgehung der Einheimischen ausgeschlossen war. Ein bedeutender Stapelplatz war im Spätmittelalter der Fondaco dei Tedeschi in Venedig, wo deutsche Händler, denen der direkte Handel in italienischen Städten untersagt war, ihre Waren lagern und verkaufen mußten.

Neben den regelmäßig mehrmals im Jahr stattfindenden Märkten gab es besonders in größeren Orten Jahrmärkte oder Messen, die oft Händler aus ganz Europa anzogen. Mancherorts wurde eine Reihe von Messen zeitlich so aufeinander abgestimmt, daß eine regelrechte Marktsaison entstand, die sich von Frühling bis Herbst, solange das Reisen gut möglich war, hinzog. Ein bekanntes Beispiel sind die Champagnemessen, die am Handelsweg von Italien nach Flandern um 1050 entstanden, ihre Blütezeit in der Mitte des 13. Jahrhunderts und ihren Niedergang um 1350 erlebten. Ein Grund für diesen Niedergang war wohl die Verlagerung des Fernhandels von den Messen zu den festen Kontoren der Handelsgesellschaften. Bis in die heutige Zeit erhalten hat sich die Bedeutung der Frankfurter Messen, die aus einem hochmittelalterlichen lokalen Pferdemarkt (Herbstmesse) und einer spätmittelalterlichen Verkaufsveranstaltung für elsässischen Wein (Frühjahrsmesse) hervorgegangen sind.

59. Wie wurden Waren transportiert und bezahlt? Grundsätzlich kannte man im Mittelalter zwei Möglichkeiten, Waren zu transportieren: auf dem Wasser zu Schiff oder auf dem Land mit Hilfe von Karren oder Saumtieren (Pferde, Esel, Maultiere, Ochsen), denen das Transportgut aufgeladen wurde. Da das antike Straßennetz nur Teile Europas verkehrsmäßig erschlossen hatte und im Frühmittelalter zunehmend verfiel, wurde der Transport zu Wasser zunächst bevorzugt, wenn es um die Überwindung weiter Strecken ging. Die wichtigsten Fernhandelsrouten verliefen entlang der großen Flüsse und auf den Meeren entlang der Küsten. Aber auch kleinere Wasserläufe wurden intensiv genutzt. Saumtiere und Karren wurden zunächst nur für Transporte über kurze Strecken gebraucht. Erst nach dem kontinuierlichen Ausbau der Straßen und Verkehrswege im Hoch- und Spätmittelalter wurden sie seit dem 14. Jahrhundert der niedrigeren Kosten und des geringeren Risikos wegen wieder zu den wichtigsten Transportmitteln auf dem europäischen Kontinent. Allerdings mußte für die Benutzung von Land- und Wasserstraßen und von Brücken Zoll bezahlt werden, was den Transport von Waren zum Teil erheblich verteuerte. Im Frühmittelalter herrschte Naturalwirtschaft vor. Geld spielte im Handel, außer bei Luxusgütern, zunächst eine untergeordnete Rolle. Mit dem Wachstum der Städte und dem Ausbau der Verkehrswege im Hochmittelalter gewann die Geldwirtschaft immer mehr an Bedeutung. Bezahlt wurde nun mit Bargeld, was bei großen Beträgen erhebliche Komplikationen und Gefahren mit sich brachte. Da es viele verschiedene Währungen und Münzarten gab, etablierten sich Geldwechsler. Ab dem 13. Jahrhundert stellten sie Wechsel aus, die eine bargeldlose Bezahlung von Waren ermöglichten, und nahmen zwischen den Konten einzelner Kunden Überweisungen vor. Aus Geldwechslern waren Bankiers geworden, eine Entwicklung, die sich von Italien aus über ganz Europa verbreitete, weshalb viele Begriffe im Bankwesen italienischen Ursprungs sind.

60. Was war die Hanse? Das Wort Hanse bedeutete im Frühmittelalter Schar und bezog sich später auf eine Gemeinschaft von Handel Treibenden, die zum gleichen Zielort im Ausland fuhren. Der wichtigste Bund norddeutscher Kaufleute nannte sich Hanse. Ungefähr seit dem Anfang des 11. Jahrhunderts existierten zunächst lockere Fahrgenossenschaften von Kaufleuten aus norddeutschen Städten, deren Ziele Städte oder Handelsmessen waren, an denen mit unterschiedlichen Waren unter jeweils anderen Bedingungen gehandelt wurde. Diese norddeutschen Kaufleute erhielten bald an den Handelsorten Privilegien, wie z. B. Zollfreiheit oder Rechtssicherheit, oder konnten Kontore, also Orte zum Übernachten, an denen sie Waren anbieten durften, eröffnen. Bald kontrollierten die Kaufleute der Hanse einen Großteil des Warenaustausches zwischen Ost- und Westeuropa. Wichtige Handelsplätze waren für den Osten die Insel Gotland sowie Novgorod, wo Pelze, Wachs, Metalle, Holz und Getreide gehandelt wurden, für den Nordseeraum und Skandinavien Schonen, wo Trockenfisch die wichtigste Handelsware war, sowie für den Westen Brügge, ein bedeutender Umschlagplatz für Wolle und Tuche, der durch die Ansiedlung italienischer Banken auch zu einem europäischen Finanzzentrum wurde. Seit dem Ende des 13. Jahrhunderts bildete sich aus der losen Verbindung der Kaufleute langsam eine Gesamthanse, ein Städtebund unter der Führung Lübecks. Durch die bessere Organisation der Gesamthanse, vor allem eine aggressive Blockadepolitik, war ihr ein weiterer Ausbau der Handelsaktivitäten und die Sicherung ihrer Privilegien möglich. Erst zu Beginn des 15. Jahrhunderts war die Organisation der im Kern von etwa 70 Städten getragenen Hanse rechtlich differenziert ausgebildet. Im 16. Jahrhundert führten Umwälzungen in der Wirtschaft zu einem langsamen Bedeutungsverlust. Die Hansestädte Lübeck, Hamburg, Rostock und Bremen erinnern noch heute durch ihre Namensgebung an den wichtigsten mittelalterlichen Handelsbund und an eine Zeit der wirtschaftlichen Blüte und politischen Unabhängigkeit.

61. Warum organisierten sich Handwerker in Zünften? Die ersten Zünfte entstanden im 12. Jahrhundert in den Städten des Rhein-Main-Gebiets. Dort schlossen sich Angehörige eines bestimmten Handwerks oder Handwerkszweigs zu religiösen Bruderschaften zusammen. Ihre Ziele lagen zunächst im gemeinsamen Gebet für das Seelenheil verstorbener und in der Fürsorge für in Not geratene Mitglieder sowie für Witwen und Waisen. In der Folge begannen Zunftangehörige auch ihre wirtschaftlichen Interessen miteinander abzustimmen. Der Zugang zum Gesellen- und Meisterbrief, die Ausbildung der Lehrlinge, die Anzahl der in der Stadt tätigen Handwerker und die Preise wurden von den Zunftangehörigen gemeinschaftlich festgelegt. Außerdem kontrollierten die Zünfte die Qualität der verarbeiteten Rohstoffe und die Verarbeitung der hergestellten Produkte. Es war nicht möglich, in einer Stadt einem zünftischen Handwerk nachzugehen, ohne der betreffenden Zunft anzugehören. Zünfte übten über das produzierende Gewerbe mittelalterlicher Städte also ein hohes Maß an Kontrolle aus. Ihren sozialen Rang unterstrichen die Zunftmeister durch die prachtvolle Ausgestaltung der Zunftstuben, die als Versammlungsort dienten. Im Spätmittelalter konnten die in Zünften organisierten Handwerker nach heftigen Auseinandersetzungen in einigen Städten eine Beteiligung an der Stadtherrschaft erlangen. Ihre rigide Vorgehensweise führte zu heftigen Konflikten mit Produzenten außerhalb der Zünfte. Trotz der Entwicklung neuartiger Produktionsverfahren und -systeme, die nicht mehr mit zünftischen Vorstellungen von Handwerk vereinbar waren, wurde die wirtschaftspolitische Vormachtstellung der Zünfte erst durch Einführung der allgemeinen Gewerbefreiheit im 18. und 19. Jahrhundert endgültig beendet.

62. Wie wurde Energie gewonnen? Der Begriff Energie spielt bei Aristoteles eine wichtige Rolle und war sowohl als griechisches Fremdwort wie in der lateinischen Übersetzung *vis* oder *actus* («Kraft») auch im Mittelalter bekannt. Neben der Muskelkraft von Menschen und Tieren konnten damals als Energiequellen Wind, Wasser und Heizstoffe, sei es Holz, Torf oder Kohle, genutzt werden. Wind trieb Segelschiffe und Windmühlen an, die erstmals im ausgehenden 12. Jahrhundert in Nordwesteuropa bekannt wurden. Wichtiger aber war die Wasserenergie, die Getreide-, Walk-, Säge-, Papiermühlen und Hämmer zur Metallverarbeitung am Laufen hielt. Die praktische Nutzung der seit dem 11. Jahrhundert nachweisbaren Nockenwelle erschloß zusammen mit der Konstruktion von Zahnrädern neue Möglichkeiten der Kraftumsetzung. Für die

Abb. 11: In der zweiten Hälfte des 12. Jahrhunderts schuf die Äbtissin Herrad von Hohenburg zusammen mit Frauen ihres Konvents eine reich bebilderte Enzyklopädie. Sie veranschaulichte religiöse Inhalte häufig in Darstellungen, die der Lebenswelt des Hochmittelalters entstammen. So sind als Illustrationen zu zwei Bibelversen ein mit Ochsen bespannter Räderpflug und eine Mühle zu sehen. Der Mühlstein ist senkrecht dargestellt, aber in waagrechter Lage zu denken.

Nutzung von Wasserkraft waren besonders die Zisterzienser bekannt, die bisweilen ihre gesamte natürliche Umgebung umgestalteten, um Wasserläufe optimal zu verlegen. Zisterzienserklöster waren deshalb keineswegs beschauliche Orte, sondern schon im 12. Jahrhundert von geräuschvoll arbeitenden Mühlen umgeben. Im 13. Jahrhundert begann sich die technische Fachliteratur mit dem Problem der Energiegewinnung zu beschäftigen. Das Bauhüttenbuch des Villard de Honnecourt zeigt um 1235 den Entwurf einer wassergetriebenen mechanischen Säge. Kriegstechnische Handbücher des Spätmittelalters enthalten eine Fülle von Ideen für Maschinen, die nicht allein militärisch zu nutzen waren. Der Eichstätter Konrad Kyeser entwarf am Beginn des 15. Jahrhunderts ein mit Schaufelrädern betriebenes Schiff und eine durch Windräder unterstützte Hebevorrichtung. Vieles davon mag nur Gedankenspielerei gewesen sein, doch kam der Einfallsreichtum mittelalterlicher Ingenieure zumindest bei höfischen und städtischen Festlichkeiten, etwa in der Herstellung von Automaten und Wasserspielen, zum Zug. Leonardo da Vinci hatte viele Vorgänger.

63. Wie stand es um die Umwelt? *Natura* war im Mittelalter ein theologisch-philosophischer Begriff, der die gesamte Schöpfung umfaßte. Was wir heute unter natürlicher Umwelt verstehen, war nur ein Teil davon. Die natürliche Umwelt war kein Wert an sich; sie war nach mittelalterlicher Auffassung von Gott geschaffen worden, um dem Menschen zur Lebensgrundlage und als Lehrbuch zu dienen, aus dem der Schöpferwille zu erkennen ist. Naturbeschreibungen in mittelalterlicher Literatur folgen häufig den antiken Topoi vom *locus amoenus*, dem «lieblichen Ort», sofern sie eine dem Menschen angenehme Umgebung schildern wollen. Wirklich unberührte Natur aber wurde als bedrohlich empfunden: im Wald hausen nicht nur die Räuber, dort sitzen vor allem Dämonen. Unbefangene Beschreibungen von Naturschönheiten im heutigen Sinn liefern erst die Humanisten. Dennoch bemerkten schon die Menschen des Hochmittelalters, daß die rasanten Veränderungen ihres Zeitalters unerwünschte Auswirkungen auf die natürliche Umwelt hatten. Walther von der Vogelweide († nach 1230) beklagte den Rückgang des Waldes in der Lebensspanne seiner Generation, allerdings mehr im Sinne einer Vergänglichkeitsklage, Wolfram von Eschenbach († nach 1220) verstand unter unberührter

Wildnis einen Ort, wo im Umkreis von 30 Meilen kein Baum zu Bauholz geschlagen worden sei. Im 13. Jahrhundert war nicht nur der Landesausbau durch Rodungen und Neuansiedlungen auf seinem Höhepunkt, es gab auch eine erste Industrialisierung. Holz war als Baumaterial, Brenn- und Rohstoff ohnehin im ganzen Mittelalter von existentieller Bedeutung. Um Städte und Märkte mit Waren und Baumaterial versorgen zu können, mußten Land- und Wasserwege angelegt werden, wurden Brücken gebaut und Kanäle gegraben. Die Einführung des Kreuzrippengewölbes ermöglichte es, große Fensteröffnungen zu bauen, was zu einem immensen Glasverbrauch führte. Die Beschaffung von Brennmaterial für eine wachsende Zahl von Salinen und Glashütten richtete große Zerstörungen an. Auch Eisenerze, Kupfer, Zinn, Blei und Silber wurden in immer größeren Mengen benötigt; Bergbau wurde vor allem in den Mittelgebirgen und den alpinen Regionen betrieben, wo Holz und Wasserkraft zur Verfügung standen. Umweltschutz bedeutete vor allem Ressourcenschutz. Schon Karl der Große traf Maßnahmen zur Erhaltung des Waldes. Ab dem 12. Jahrhundert wurde von weltlichen und geistlichen Herren eine sorgfältige Waldbewirtschaftung betrieben, die Schweinemast und Holzschlagen in zahlreichen Vorschriften reglementierte und oft bäuerliche Rechte zurückdrängte. Am Ende des 13. Jahrhunderts untersagte ein Reichsweistum, die Allmende von Dörfern durch Rodungen weiter zu vergrößern, und im 14. Jahrhunderts wurde damit begonnen, durch Anpflanzen und Aussäen Wälder aufzuforsten. Die Wälder dehnten sich allerdings erst wieder aus, als in Folge des durch Pest und Hungersnöte verursachten Bevölkerungsrückgangs viele Dörfer in ungünstigen Lagen aufgegeben werden mußten.

64. Wie wurden die Kathedralen gebaut? Dank ihrer eindrucksvollen Größe und Gestaltung gehören die Hauptkirchen der Bischofssitze, die Kathedralen oder Dome, zu den Assoziationen, die sich beim Begriff «Mittelalter» zuerst einstellen. Um eine Kathedrale zu bauen, bedurfte es der Arbeit von Generationen. Die Kirchenbauten wurden häufig abschnittweise vorangetrieben, wobei fortgeschrittene Teile provisorisch durch eine Mauer geschlossen und für Gottesdienste genutzt wurden. Die Abschnitte sind durch Baunähte von außen zu erkennen. Die finanzielle Seite war im Kirchenrecht geregelt. Auf der Grundlage von Vorschriften, die seit der Spätantike ein Viertel der kirchlichen Einkünfte für Baulasten vorsahen, entwickelte sich im 12. Jahrhundert die «Kirchenfabrik» zu einer juristischen Person, die über ein Sondervermögen sowie eigene Einkünfte, z. B. aus Stiftungen, verfügte. Während im 10. und 11. Jahrhundert Bischöfe mehrfach als *architecti* bezeichnet werden und wohl tatsächlich den Bau selbst überwachten, wird ab dem 12. Jahrhundert deutlich, daß die Bauorganisation in den Händen eines Baumeisters und eines Werkmeisters lag. Die Gestalter der Kathedralen waren weitgereiste Fachleute, die spätestens seit dem 13. Jahrhundert ihr Wissen nicht allein mündlich weitergaben, wie erhalten gebliebene Musterbücher und Entwurfszeichnungen belegen. Der Baumeister hatte eher Verwaltungsaufgaben, der Werkmeister hingegen leitete die praktische Durchführung des Bauvorhabens. Es mußten Lohnlisten geführt, Kostenvoranschläge eingeholt, Baumaterialien besorgt und viele weitere Aufgaben erledigt werden. Baurechnungen gehören daher zu den interessantesten Quellen des Mittelalters. Für die handwerkliche und technische Durchführung war die Bauhütte zuständig. Als Bauhütte wurden die direkt neben der Baustelle errichteten, oft heute noch benutzten Werkstätten bezeichnet; Bauhütte hieß aber auch die Organisation aller an dem Bau beteiligten Handwerker. Nicht wenige der Dombauten wurden durch ungünstige Veränderungen der Zeitumstände nicht fertiggestellt und erfuhren ihre Vollendung erst in der Neuzeit, wie etwa der Kölner Dom, dessen Abschluß im 19. Jahrhundert zum Politikum geriet.

65. Wer hat das Pulver erfunden? Explosive Pulvermischungen werden ohne militärischen Verwendungszweck erstmals von einigen gelehrten Dominikanern des 13. Jahrhunderts, wie Roger Bacon (1219–1292), überliefert. Die Verwendung von Schießpulver für militärische Zwecke ist für die erste Hälfte des 13. Jahrhunderts in China bezeugt, so daß die Vermutung nahe liegt, die einschlägigen Kenntnisse seien über die Bettelordensmission im Fernen Osten oder durch arabische Vermittlung nach Europa gelangt. Die älteste Abbildung einer Kanone stammt aus dem Jahr 1326, und beim Italienzug Kaiser Ludwigs IV. wurden bereits Geschütze gegen oberitalienische Städte eingesetzt (1327–1330). Die Zuschreibung der Erfindung des Schießpulvers an einen Freiburger Franziskaner Berthold Schwarz ist legendär. Während das Pulver in China für die Füllung von Bomben und Raketen verwendet wurde, war seine Einführung in Europa anscheinend von Anfang an mit der Herstellung von Feuerwaffen verbunden, für deren Geschosse die Entzündung von Schießpulver die Bewegungsenergie lieferte. Die zuerst sehr schweren, auf Gestellen gelagerten Pulvergeschütze schleuderten Steinkugeln, seit dem Ende des 14. Jahrhunderts auch Bleikugeln, und waren nur sehr umständlich zu bedienen. Im 15. Jahrhundert verbreiteten sich Handfeuerwaffen, die von einem Mann allein getragen werden konnten; ab etwa 1460 sind Luntenschlossbüchsen belegt, mit denen es möglich wurde, gleichzeitig zu zielen und zu feuern. Büchsenmeister waren gesuchte Spezialisten, die vielfach ihr Rezept für die Herstellung des Pulvergemischs aus Salpeter, Kohle und Schwefel geheim hielten, andererseits ihr Fachwissen auch gerne in «Feuerwerkbüchern» darlegten. Der Einsatz von Pulvergeschützen als Verteidigungs- und Angriffswaffen hatte erhebliche Auswirkungen auf die Befestigungsarchitektur.

66. Wie kam Kolumbus nach Amerika? Die fünfwöchige Fahrt des Kolumbus über das offene Meer und die folgenden Amerika- und Entdeckungsfahrten führten zu einer Veränderung der europäischen Seefahrt. Zuvor hielten sich die Kapitäne mit ihren Schiffen meist in der Nähe der Küste, um nach Landmarken navigieren und sich vor Stürmen in Sicherheit bringen zu können; auch gab es einfach keine Ziele, die nur nach längerer Fahrt über die offene See zu erreichen waren. Die technischen Errungenschaften, die Kolumbus' Fahrt ermöglichten, waren überwiegend bereits lange zuvor gemacht worden. Der Kompaß – im 12. Jahrhundert erfunden – war jedoch zunächst zu ungenau, das Astrolabium, mit dem im Hochmittelalter die Position anhand der Sterne festgestellt wurde, war als Vorgänger des Sextanten nur an Land zu gebrauchen. Erst im 15. Jahrhundert erhielten diese Hilfsmittel ihre seetaugliche Gestalt. Hinzu kam die Entwicklung neuer Schiffstypen wie der Karavelle, die mit ihren überlegenen Segeleigenschaften, besonders beim Kreuzen gegen den Wind, die Fahrten in unbekannte Gewässer ermöglichten.

Am 3. August 1492 verließ Kolumbus mit drei Schiffen und insgesamt 90 Mann Besatzung die südspanische Hafenstadt Palos, um auf dem westlichen Seeweg nach Indien zu gelangen. Seine

Anziehungskraft bezog Indien, als Synonym für Ostasien, aus der Erwartung riesiger Handelsgewinne. Das gesamte Mittelalter hindurch lief der europäische Indien- und Ostasienhandel über Persien und die Levante. Die Seerepublik Venedig war dadurch vor allem im Spätmittelalter zu großem Reichtum gelangt. Auch die portugiesischen Erkundungsfahrten entlang der afrikanischen Westküste dienten dem Zweck, einen Seeweg nach Indien zu finden und das islamisch-venezianische Monopol im Asienhandel zu brechen. Außerdem hoffte man, militärische Bündnispartner im Rücken der sich in der Levante ausbreitenden Osmanen zu entdecken. Im Gegensatz zu Kolumbus wollten die Portugiesen auf der Ostroute durch Umfahrung Afrikas nach Indien gelangen, was Vasco da Gama 1498 als erstem gelang. Kolumbus war, als er am 12. Oktober 1492 auf der Insel Guanahani landete, ebenfalls überzeugt, in Ostasien gelandet zu sein, und blieb bis zu seinem Tod 1506 bei dieser Meinung.

Lebenswelt und Lebensräume

67. Wie alt wurden die Menschen? Die durchschnittliche Lebenserwartung wird für das Europa des Früh- und Hochmittelalters auf 30 bis 33 Jahre geschätzt und nach der Zunahme städtischer Ballungsräume und dem Ausbruch der Pest im Spätmittelalter noch deutlich niedriger angesetzt. Diese niedrigen Durchschnittswerte beruhen in erster Linie auf der hohen Säuglings- und Kindersterblichkeit. Im Frühmittelalter lag die Säuglingssterblichkeit, die hauptsächlich von Infektionskrankheiten und Störungen des Verdauungssystems verursacht wurde, bei ungefähr 20 %, im Spätmittelalter bei ca. 30 %. Es ist also nicht anzunehmen, daß die Menschen nicht älter als 30 Jahre wurden, vielmehr erreichten bis zu 50 % der Geborenen aufgrund von Krankheit bzw. falscher oder mangelhafter Ernährung ihr 20. Lebensjahr nicht. Wer Kindheit und Jugend unversehrt überstanden hatte, wurde im Durchschnitt fast 50 Jahre alt. Die Lebenserwartung unterschied sich allerdings nach sozialer Stellung, Wohnort und Geschlecht. Adlige wurden durch ihre bessere Ernährung und geringere körperliche Belastung im Durchschnitt älter als einfache Bauern, sofern sie nicht im Krieg oder im

Turnier umkamen. Bauern lebten wegen der geringeren Infektions- und Seuchengefahr auf dem Land länger als Stadtbürger. Kaltes Klima und qualitativ minderwertigere Nahrungsmittel senkten die Lebenserwartung in Nord- und Osteuropa. Außerdem starben Frauen auf Grund der mit den häufigen Schwangerschaften und Geburten verbundenen Risiken vielfach jünger als Männer. Alle diese Aussagen drücken allgemeine Tendenzen aus, die oft aus sehr begrenztem Material, wie z. B. Befunden einzelner Friedhöfe, hochgerechnet wurden. Selbstverständlich sind immer wieder konkrete Gegenbeispiele zu finden. In englischen Erbenlisten etwa sind landbesitzende Männer und Frauen aufgeführt, die 90 Jahre und älter wurden.

68. Wie wurden Kinder und Jugendliche behandelt? Nach der teilweise aus der Antike übernommenen Ordnung der menschlichen Lebensalter bildete die Kindheit den ersten Lebensabschnitt von der Geburt bis zum siebten Lebensjahr. An die Kindheit schloß sich die Jugend an, die durch gezielte Erziehung gekennzeichnet ist und deren Ende üblicherweise mit dem 14. Lebensjahr erreicht wurde. Da der Übergang ins Erwachsenenalter aber von mehreren Faktoren wie Geschlecht oder Schichtzugehörigkeit abhing, konnte er sich bis ins dritte Lebensjahrzehnt hinziehen. Das Kind stand bis zum Auszug aus dem Haushalt der Herkunftsfamilie unter der Munt des Haushaltsvorstands, in der Regel des Vaters.

Entgegen verbreiteten modernen Anschauungen galten Kinder nicht als ‹kleine Erwachsene›, sondern als Wesen mit eigenen Bedürfnissen, die für ihre künftige Rolle in der Gesellschaft geformt werden mußten. Viele Zeugnisse belegen zudem, daß Eltern ein intensives, gefühlsbetontes Verhältnis zu ihren Kindern hatten, zumindest wenn diese als erwünschte Nachkommen innerhalb der Ehe geboren wurden. Kindsaussetzungen und Kindstötungen kamen bei unehelichen und mißgebildeten Kinder anscheinend häufig vor; uneheliche Kinder wurden außerdem rechtlich diskriminiert. Eltern sorgten für ihre Kinder in den ersten Lebensjahren überaus aufmerksam, was sich in Hilfsmitteln wie Wiege, Badetrog und Schnuller, altersgemäßer Kleidung und geschlechtsspezifischen Spielzeugen für Mädchen und Jungen zeigt. Ab dem 7. Lebensjahr, also mit dem Beginn der planmäßigen Erziehung, die sich nach Geschlecht und Schicht unterschied, wurde die Rolle des Vaters für die Söhne immer wichtiger. Neben der intellektuellen und körper-

Abb. 12: Darstellungen der Heiligen Sippe, das heißt der weitläufigen Verwandtschaft der Gottesmutter Maria, boten eine gute Gelegenheit, Kleinkinder in alterstypischen Aktivitäten abzubilden. Die Kinder eines Lübecker Altars aus dem 15. Jahrhundert reiten auf dem Steckenpferd, löffeln ihren Brei und saugen an einem Kännchen. Ein Exemplar dieses speziell für Kleinkinder konstruierten Vorläufers der Saugflasche ist bei Ausgrabungen in Lübeck gefunden worden. Zu beachten sind neben dem Gürteltäschchen des linken Kindes auch die Schürzen, die alle drei tragen.

lichen Ausbildung wurden Kinder und Jugendliche auch der *zucht*, also dem Anerziehen gesellschaftlich anerkannter, standestypischer Verhaltensweisen, unterworfen. Obwohl nicht nur Walther von der Vogelweide sich gegen die Prügelstrafe aussprach, gehörten zur christlich geprägten Erziehung auch Zwang und körperliche Bestrafung. Sie sollte aus ‹wilden› Kleinkindern besonnene und beherrschte Erwachsene machen.

69. Was gab es zu essen und zu trinken? Im Frühmittelalter glichen sich die Eßgewohnheiten in Europa an, da sich der Ackerbau im Norden ausbreitete und die Viehwirtschaft im Süden intensiviert wurde. Gleichzeitig vermehrte sich der Weinanbau unter anderem wegen seiner liturgischen Bedeutung für das Christentum. Fisch, Fleisch, Gemüse und Obst standen nun nahezu allen Menschen zur Verfügung. Was und wieviel gegessen wurde, hing nicht nur von der Versorgungslage und dem sozialen Stand ab, sondern auch von religiösen Vorschriften, die den Genuß von Fleisch, Eiern und Milchprodukten an etwa 150 Fastentagen im Jahr untersagten. Bier und Wein, die wichtigsten Getränke, hatten vermutlich einen geringeren Alkoholgehalt als heutzutage.

Mit der Intensivierung der Landwirtschaft im Laufe des Hochmittelalters gingen Weideland und Forste zu Gunsten des Ackerlandes zurück, wodurch Fleisch zur Mangelware und damit zu einem Privileg der oberen Gesellschaftsschichten wurde. Grundnahrungsmittel aller Bevölkerungsgruppen war nun Getreide in Form von Brot, Brei oder Mus. Die teueren hellen Getreidearten blieben den Wohlhabenden vorbehalten, während sich weniger Begüterte mit dunkleren Sorten wie Roggen, Gerste oder Dinkel bescheiden mußten. Hungersnöte waren keine Seltenheit, da die Erträge der Felder nicht groß genug waren und regionale Ernteausfälle wegen schlechter Konservierungs- und Transportmöglichkeiten meist nicht durch Überschüsse aus anderen Gebieten ausgeglichen werden konnten.

Mit dem starken Bevölkerungsrückgang um die Mitte des 14. Jahrhunderts verbesserte sich die Ernährungslage, da für den einzelnen mehr kultiviertes Ackerland zur Verfügung stand. Auch nahm der Fleischkonsum im Spätmittelalter wieder zu, und es entstand ein überregionaler Handel mit Lebendvieh und Fertigprodukten wie etwa westfälischem Schinken. Gemüse, Salat und Obst genossen nach den damaligen Vorstellungen über richtiges Essen kein hohes Ansehen. So verwundert es nicht, daß die Gicht weit verbreitet war. Mittelalterliche Kochbücher belegen überwiegend eine gehobene internationale Küche, in der die zu Brei zerkochten Speisen stark gewürzt wurden. Ins Reich der Fabel zu verweisen ist die Behauptung, daß damit der Geschmack verdorbenen Fleisches überdeckt werden sollte; vielmehr war die Verwendung exotischer Gewürze ein Statusmerkmal. Erst im Laufe des 15. Jahrhunderts wurde der Eigengeschmack der Zutaten wichtiger. Ein Zeugnis der damit einsetzenden ‹kulinarischen Renaissance› ist das erste gedruckte Kochbuch, das 1475 von dem Humanisten Platina veröffentlicht wurde.

70. Wann wurden Schnabelschuhe Mode? Graf Fulko von Anjou soll die lang zugespitzten Schnabelschuhe im 11. Jahrhundert erfunden haben, um so seine deformierten Füße zu verbergen. Allerdings handelt es sich hier um ein Wandermotiv, das ähnlich auch für einige andere Schuhmoden als Erklärung dienen muß, und genauso unsicher ist die Hypothese, daß diese Schuhe von Kreuzfahrern aus dem Orient mitgebracht worden seien. Seit der Mitte des 14. Jahrhunderts verbreitete sich diese zuvor adligen Damen und Herren vorbehaltene Mode jedenfalls zusehends bei Bürgern und Handwerkern.

Kleidung war ein wichtiges Standesmerkmal. Daher wurden im Spätmittelalter immer wieder Kleiderordnungen eingeführt, die den unteren Schichten nur einfache, unauffällige Arbeitskleidung aus preiswerten Stoffen, den höheren Ständen aber bunte, auffällige Kleidung aus wertvollen Materialien erlaubten. Die Gewandung der Oberschicht unterschied sich von der Kleidung niederer Schichten häufig nicht nur durch Stoffe, Pelzbesatz und Farben, sondern auch durch den unpraktischen, für körperliche Betätigung nicht geeigneten Zuschnitt. Die höfische Mode des hohen Mittelalters war bei den locker fallenden Gewändern beider Geschlechter auf Stoffverbrauch aus, da sich so der erwünschte elegante Faltenwurf ergab. Durch Schnüren konnten die Gewänder dem Körper angepaßt werden. Schwere, aus einem halbkreisförmigen Stück Stoff bestehende Mäntel wurden am Hals durch ein Band, eine Schnur oder eine Kette zusammengehalten, was dem Träger oder der Trägerin Gelegenheit gab, das Kleidungsstück mit dem als Inbegriff der Eleganz geltenden «Tasselgriff» um die Schultern hochzuziehen. Im 14. Jahrhundert wurden die Gewänder zunehmend enger und körperbetont geschnitten; die immer noch bodenlangen Kleider der Frauen bekamen tiefe Dekolletes, während die Männer mit immer kürzeren Obergewändern die Beine zu zeigen begannen. Das äußere Erscheinungsbild von Männer- und Frauenmode unterschied sich jetzt deutlicher als früher voneinander, und die Kleidermoden folgten rascher aufeinander als zuvor.

Weibliche Kleidung drückte neben der Zugehörigkeit zu einer bestimmten Schicht auch aus, ob es sich um unverheiratete, verheiratete oder verwitwete Frauen handelte. Junge Männer kleideten sich bewußt in einer Art und Weise, die sie von gesetzten älteren Herren unterscheiden mußte. Die Haartracht war ebenfalls Moden unter-

Abb. 13: Dieses Paar im Stifterchor des Naumburger Doms verkörpert vollendet die höfische Eleganz des Hochmittelalters. Der heitere Gesichtsausdruck der Frau entspricht ebenso dem in der zeitgenössischen Literatur geschilderten Ideal wie die anmutige Art, auf die sie ihren Mantel um sich rafft.

Abb. 14: Gut ein Jahrhundert nach den Naumburger Stifterfiguren entstand um die Mitte des 14. Jahrhunderts dieses Stifterpaar am Wiener Stephansdom. Eleganter Schwung ist nach wie vor gefragt, doch hat sich die Körpersilhouette beider Geschlechter merklich verändert. Besonders zu beachten: das auf den Körper geschnittene Kleid der Frau mit Plisseerock und Dekolletee. Auch umschließt ihre Haube, der «krüseler», nicht mehr streng den Kopf, sondern wirkt eher locker aufgesetzt.

worfen; auch Männer kräuselten sich die Haare mit Hilfe eines Kräuseleisens. Theologen und Prediger sahen all dies nicht gerne; sie wetterten meist erfolglos gegen Modetorheiten, und auch die im 15. Jahrhunderten des öfteren veranstalteten Verbrennungen von modischen Accessoires konnten das Bedürfnis der Menschen, ihr äußeres Erscheinungsbild im Zeitgeschmack zu stilisieren, nicht dauerhaft unterdrücken.

71. Wie sorgte man für Wärme und Licht? Zunächst wurde im Bauernhaus durch die offene Feuerstelle und den Herd geheizt, die gleichzeitig zur Nahrungsbereitung dienten. Doch der gemauerte Ofen, der Wärme speichern und diese rauchfrei abgeben konnte, wurde in seinen Vorzügen bald erkannt; als weitere Verbesserung lassen sich die ältesten Spuren von Kachelöfen schon im 11. Jahrhundert nachweisen. Da die meisten Häuser nur einen einzigen Rauchabzug, meist eine Rauchluke oder einen Schlot, hatten, konnte nur ein Raum beheizt werden. In Burgen und Stadthäusern heizte man auch häufig mit einem offenen, steinernen Kamin, von welchem sich der Begriff Kemenate für einen beheizbaren Raum ableitete. Eine Heißluft-Heizung, die nach dem Prinzip der antiken Hypokaust-Heizung funktionierte, wurde in Burgen und Klöstern angewendet. Bei dieser Technik wurde erhitzte Luft durch Kanäle nach oben unter den Fußboden des zu beheizenden Raums, meist eines Repräsentationsraums, geleitet. Zimmer ohne Feuerstelle konnten in wohlhabenderen Haushalten durch mobile Glutgefäße oder Kohlebecken erwärmt werden. Hohlkugeln aus Metall, die mit glühenden Kohle- oder Eisenstücken gefüllt und von einem Lederüberzug bedeckt waren, dienten ursprünglich Klerikern zum Aufwärmen der Hände vor der Hostienverteilung («Wärmeäpfel») und wurden seit dem 14. Jahrhundert auch von Laien verwendet.

Die einfachsten Lichtquellen in Häusern waren tagsüber die Fenster, Türen und die Rauchluke. Das offene Herdfeuer sowie Kienspäne und Fackeln in Haltern an der Wand oder auf dem Tisch wurden besonders von Bauern und ärmeren Stadtbewohnern benutzt. Schon um einiges aufwendiger wurden Kirchen und Klöster durch Wachskerzen und Öllichter beleuchtet. Bis zum Spätmittelalter setzten sich solche Beleuchtungsformen auch im höfisch-adligen und im bürgerlichen Haushalt durch, jedoch wurden hier meist die billigeren Talgkerzen und -lampen verwendet.

Die in italienischen Städten am Ende des Mittelalters häufiger erwähnte Straßenbeleuchtung war in Deutschland kaum bekannt. Im Freien verwendete man nachts vielmehr mobile Lichtquellen wie Laternen oder Fackeln.

72. Wie schmutzig war das Mittelalter? In schlechten Filmen, deren Handlung im Mittelalter spielt, sehen die Menschen so sauber aus und ihre Kleidung ist so makellos, als hätte man sie gerade aus dem Ei gepellt, bei besseren Filmen hat man dagegen den Eindruck, der Mensch des Mittelalters habe sich den ganzen Tag im Dreck gewälzt, und man ist froh, daß es noch kein Geruchsfernsehen gibt. Die Frage nach der körperlichen Reinlichkeit mittelalterlicher Menschen ist sicher schichtenspezifisch unterschiedlich zu beantworten, doch spricht alles dafür, daß zumindest die Oberschichten genauso sauber oder schmutzig waren, wie es heutige Europäer ohne fließendes Warmwasser auch wären. Nächst den Vorschriften des Kirchenrechts, das bei allen kultischen Verrichtungen streng auf Sauberkeit drängte, schärfte vor allem die höfische Erziehung Reinlichkeit ein. Es muß auch auffallen, daß es in vielen Klöstern bei aller Einforderung asketischer Lebensweise ausgeklügelte Wasserleitungssysteme gab. Hygienische Probleme traten besonders in den Städten auf, vor allem dann, wenn die durch eine Mauer begrenzte Stadt zu klein wurde. In den an engen Gassen gebauten Häusern waren die Räume meist feucht und dunkel, und die Luft war durch das Heizen mit Holz und Kohle stark verschmutzt. Die Menschen brachten ihre ländlichen Gewohnheiten mit in die Stadt, was die Tierhaltung und die Abfallentsorgung betraf, und ließen sich auch von den zahlreichen Vorschriften und Strafen wenig schrecken. Die Pflasterung von Straßen war eine ebenso hygienische wie ästhetische Maßnahme. Latrinen waren in Stadthäusern meist als Versitzgruben angelegt, die in gewissen Abständen geräumt wurden. Im Spätmittelalter verfügten viele Städte über ein öffentlich unterhaltenes Leitungssystem, an das sogar einzelne Häuser wohlhabender Bürger angeschlossen sein konnten, und in jeder Stadt, auch in vielen Dörfern, gab es mindestens ein Badehaus mit Wasser- und Dampfbad. Daß für Dienstleistungen nicht nur Trinkgeld, sondern auch Badegeld gegeben wurde, zeigt, daß körperlich arbeitende Menschen diese Einrichtungen für die Reinigung in Anspruch nahmen.

73. Welche Spiele gab es? Ob Mühle, Dame oder Backgammon – die Geschichte vieler noch heute bekannter Spiele reicht bis in die Antike zurück. Mittelalterlichen Predigern waren Glücksspiele mit Würfeln oder Karten oft ein Dorn im Auge. Die aus dem Orient stammenden Kartenspiele, von denen sich die ältesten europäischen Exemplare aus dem 14. Jahrhundert erhalten haben, wurden auch mit Brettspielen kombiniert, so um 1500 das Pochs, aus dem das heutige Poker entstanden ist. Das vornehmste aller Spiele aber war Schach, das in Indien bereits im 7. Jahrhundert als Kriegsspiel um Taktik und Strategie bekannt war und spätestens um die Jahrtausendwende in Mitteleuropa auftauchte. Europäische Schachfiguren haben sich ab dem 11. Jahrhundert in nicht geringer Zahl erhalten. Die indischen Figuren spiegeln noch die indische Heeresaufstellung wider, so war der Turm ein Streitwagen, die Dame ein Minister und der Läufer ein Elefant. In Europa änderte sich die Benennung der Figuren, da sich die Bedeutung des Spiels im Sinne einer Abbildung der mittelalterlichen Gesellschaft wandelte. Die Aufstellung der Figuren zeigt eine Aufteilung in zwei Klassen, *populares* und *nobiles*, an. Die Aufstellung der *nobiles* beginnt mit den Vögten an den Eckfeldern des Schachbrettes, neben ihnen stehen die Ritter und die Richter, im Zentrum der König und die Königin. Die heutigen Bauernfiguren hatten im mittelalterlichen Schachspiel je nach Position unterschiedliche Aufgaben. Vor den Landvögten, also den Türmen, standen die Bauern. Vor dem Springer als Symbol für den Ritterstand waren die Handwerker und die Stadthüter aufgestellt. Die Läufer als Richter hatten Schreiber und Wirte vor sich. Vor der Königin standen die Ärzte, vor dem König die Kaufleute. Die Kleriker sind nicht direkt auf dem Brett zu finden. Waren geistliche Autoren im 11. Jahrhundert noch skeptisch bei diesem Spiel, so nutzten sie es bereits im 13. Jahrhundert in moraldidaktischen Texten zur Veranschaulichung weltlicher Ordnung.

74. Wie sahen Dörfer aus? Das Dorf als Lebens- und Wirtschaftsgemeinschaft entwickelte sich während des Hoch- und Spätmittelalters. Zu einer Gruppe von benachbarten Bauernhöfen konnten auch einige Handwerksbetriebe (Schmiede, Weberei, Töpferei, Holzhandwerke, Lederverarbeitung) treten. Außerdem war es von einer Gemarkung mit Äckern, Wiesen, Gewässern, Weide- und

Waldflächen umgeben. Eine Siedlung wird erst dann zum Dorf, wenn Einrichtungen wie Versammlungsplätze, Wege, Brunnen und Kirchen gemeinsam angelegt und wirtschaftliche wie rechtliche Angelegenheiten gemeinsam geregelt werden. Größe, Gestalt und Standort von Dörfern weisen je nach naturräumlichen Bedingungen und Zeitstellung starke Unterschiede auf. Zum Spätmittelalter hin nimmt häufig die Zahl der Höfe innerhalb eines Dorfes ab, und durch Wüstungen konnten ganze Dörfer verschwinden. Im hochmittelalterlichen Dorf entstand eine Selbstverwaltung, die von der Dorfgemeinde durch die Wahl von Amtsträgern und die Mitwirkung am Ortsgericht getragen wurde, und das wirtschaftliche, soziale und rechtliche Leben der Dorfgemeinschaft wurde in Weistümern oder Dorfordnungen geregelt.

Schon seit dem frühen Mittelalter gab es innerhalb der bäuerlichen Siedlungen eine soziale Schichtung nach Besitz und Einkommen, die sich in stark variierenden Hof- und Hausgrößen spiegelte. Die ärmeren Bauern, die häufig eine handwerkliche Nebentätigkeit ausüben oder sich als Knecht verdingen mußten, lebten meist am Dorfrand oder am Übergang zur Allmende.

In der Vielfalt der mittelalterlichen Dorfformen lassen sich planvoll und nicht planvoll angelegte Siedlungen unterscheiden. Früh- und hochmittelalterliche Siedlungen haben sich häufig zufällig entsprechend den jeweiligen Gegebenheiten entwickelt. Siedlungen mit geplantem Grundriss (Kreis-, Reihen- oder Platzformen) gehören eher in die Ausbauphasen zwischen 1000 und 1350. Der am weitesten verbreitete Dorftyp war das Haufendorf mit Flurgemeinschaft und Allmende, das sich im Zuge des intensiven hochmittelalterlichen Landesausbaus herausbildete. Hier lagen in der Mitte des Dorfes die umzäunten bäuerlichen Wohn- und Wirtschaftsgebäude recht planlos in einem Netz von Gassen und Wegen nebeneinander. Rings um das Dorf zog sich die Gewannflur, deren große Feldblöcke (Gewanne) in kleine Streifen eingeteilt waren, wobei jeder Bauer in jedem Gewann mindestens einen Streifen besaß. Bei der Bewirtschaftung mußten sich alle Bauern an die dörfliche Flurordnung halten, die entweder der Dorfvorsteher oder die Dorfgenossenschaft erlassen hatten. Die aus Weide- und Waldflächen bestehende Allmende schloss sich an die Äcker an und konnte von allen Dorfmitgliedern genutzt werden.

75. Wie entstanden Städte? Die ersten Frühformen von Städten entwickelten sich auf dem Boden der heutigen Bundesrepublik meist in der reduziert erhaltenen Bausubstanz untergegangener römischer Siedlungen und an Kirchenburgen bischöflicher und anderer geistlicher Grundherrn, die freie Handwerker und Kaufleute anzogen. Im 10. und 11. Jahrhundert dehnten sich diese Kaufmannssiedlungen durch den Zuzug bisheriger Landbewohner aus und mußten befestigt werden, wie 917 in Regensburg, wo die erste Stadtmauer seit der Antike um ein neues Viertel erbaut wurde. Daneben entstanden weitere Siedlungen bei Pfalzen und anderen weltlichen Herrschaftszentren. Seit Mitte des 11. Jahrhunderts hießen Siedlungen, die sich durch ihren Bezug auf Handel und Gewerbe deutlich von agrarischen Lebensformen unterschieden, in der Volkssprache «Stadt». Im 12. und 13. Jahrhundert setzte eine Welle von Stadtgründungen im deutschen Reich und in neu erschlossenen Gebieten im Osten ein, die mit der Gründung Freiburgs im Breisgau durch einen schwäbischen Herzog aus der Familie der Zähringer (1120) begann. Hatten am Beginn dieses Zeitraums die 30 ‹großen› Städte in Deutschland etwa 1000 bis 5000 Einwohner, so gab es zweihundert Jahre später 50 Städte mit über 5000 Einwohnern und insgesamt fast 4000 Städte. Die neuen Städte des Hochmittelalters waren überlegt um einen oder mehrere Marktplätze herum angelegt und wiesen oft ein rechtwinklig gekreuztes Straßennetz auf. Sie sollten den Ausbau der Landesherrschaft ihrer Gründer unterstützen, die zwar den Ansiedlungswilligen günstige Bedingungen boten, aber die Entwicklung der städtischen Selbstverwaltung zu kontrollieren suchten. Die hoch- und spätmittelalterliche Stadt zeichnete sich durch folgende Merkmale aus: die freien Stadtbürger bildeten eine Bürgergemeinde; jeden Tag herrschte Marktbetrieb; das Stadtgebiet bildete einen eigenen Gerichtsbezirk; die Stadt hatte Sonderkonditionen bei Abgaben und anderen Leistungen für den Stadt- bzw. Landesherrn. Die Selbstverwaltung der Städte verfestigte sich durch die Einführung des Stadtrats, der in manchen Städten schon am Beginn des 13. Jahrhunderts gegenüber den Bürgern als Obrigkeit auftrat. Da sich der Kreis der Familien, aus denen die Ratsmitglieder stammten, zudem abschloß, kam es im Spätmittelalter zu zahlreichen innerstädtischen Konflikten um die Teilhabe an der Stadtregierung. Repräsentativ ausgestaltete Rathäuser, Brunnen, Stadttore und andere Einrichtungen sollten im Spätmittelalter die Regierung des Stadtrats als gerecht und fürsorglich legitimieren. Die mittelalterliche Stadt spielte für die politische Theorie eine große Rolle, als die Aufklärer im 18. Jahrhundert die Forderung nach der Gleichberechtigung des Bürgertums historisch begründen wollten.

76. Welche Funktion hatten Burgen? Nach den nur leicht befestigten Herrenwohnsitzen des Frühmittelalters gewann die Burg für den Adel seit dem 12. Jahrhundert an Bedeutung. Sie diente adligen Familien samt Gefolge und Gesinde als befestigte Wohnstatt, war das wirtschaftliche Zentrum zur Versorgung ihres Haushalts, sicherte ihre Herrschaft und repräsentierte ihre soziale Position. Burgen wurden nicht selten in Gegenden errichtet, in denen der Burgherr seine Herrschaft zu intensivieren wünschte. Auch Bischöfe besaßen Burgen.

Burgen unterschieden sich zwar durch ihre Lage und ihre Form, doch waren einige Merkmale für alle derartigen Anlagen typisch. Zur Verteidigung diente die Ringmauer mit befestigtem Burgtor, die den Burgbering als inneren Bereich umschloß und der ein Wasser- oder Trockengraben vorgelagert war. Auch der Wehrgang mit Brustwehr auf der Mauerkrone sowie Pechnasen und Gußerker zum Hinabschütten von heißem Wasser, Öl oder Pech hatten denselben Zweck. Im Burghof befanden sich der Bergfried als der Haupt- und Wohnturm der Burg sowie der Palas mit der Kemenate, einer beheizbaren Wohnstube, und die Burgkapelle. Angelehnt an die Ringmauer waren die Nutzbauten für Gesinde, Wirtschaft und Vieh sowie die Küche, die zumeist einen großen Kamin hatte. Zisternen und Brunnen dienten zur Trinkwasserversorgung, und an der Ringmauer, meist über dem Graben, waren Aborterker angebracht. Zur Burg gehörten meist umliegende Bauernhöfe und eine Mühle; auch mußten die Bauern aus der Grundherrschaft des Burgherrn ihre Abgaben in die Burg liefern und dort Frondienste leisten. Die ständige Burgbesatzung bestand aus dem Burggrafen als dem Kommandanten, den ritterlichen Burgmannen und Hilfspersonal wie Torwarten und Türmern. Der Burgherr mußte den Umwohnenden in Krisenzeiten in der Burg Schutz gewähren und mit seiner Gerichts- und Disziplinargewalt für die Einhaltung des Burgfriedens sorgen.

77. Wie lebten Mönche und Nonnen? Sehr viele mittelalterliche Klostergemeinschaften lebten unter der Regel, die von Benedikt von Nursia Anfang des 6. Jahrhunderts für sein Kloster in Montecassino entworfen worden war und 816 für das ganze fränkische Reich verbindlich wurde. Sie wurde häufig durch lokale Ausführungsbestimmungen abgewandelt. Die berühmte Formel *ora et labora* steht zwar nicht in der Benediktsregel, drückt aber das benediktinische Prinzip gut aus. Der Tagesablauf ist nach Gebetszeiten gegliedert. Der nächtlichen Vigil folgen in kurzen Abständen von zwei bis drei Stunden täglich sieben gemeinsame Gebete, deren letztes zwischen 16 und 17 Uhr stattfindet. Die Arbeit, die am Tag verrichtet wird, gilt als ebenso wichtig für das Seelenheil, da Müßiggang als Ursache aller Laster angesehen wird. Zur Arbeit zählen vielfältige Tätigkeiten in den Wirtschaftsbereichen des Klosters, wobei die Bücherherstellung in der Schreibstube bald zu einer zentralen Aufgabe wird. Zum monastischen Tagesablauf gehören auch etwa vier Stunden des Studiums oder der Meditation.

Beim Eintritt verpflichteten sich die künftigen Mönche und Nonnen darauf, in dem jeweiligen Kloster zu bleiben, weltliche Sitten abzulegen, dem Klostervorsteher Gehorsam zu leisten und in Gebet, Arbeit und Armut zu leben. Im Kloster bekamen Mönche und Nonnen alles Lebensnotwendige: an Tag und Nacht, Winter und Sommer angepaßte Kleidung, die aus je zwei Unter- und Obergewändern, einem Gürtel, einer Schürze, Strümpfen und Schuhen bestand und erneuert werden sollte, bevor sie völlig abgetragen war; Tüchlein, Messer, Nadel, Griffel und Schreibtafel in je einem Exemplar; pro Tag zwei Mahlzeiten im Sommer, eine im Winter. Meist wurden in der Gemeinschaft lebende Kinder und Jugendliche, die von ihren Eltern für den Klostereintritt bestimmt waren, in der Klosterschule unterrichtet. Im Klosterbereich lebten auch weltliche Bedienstete und Menschen, die sich durch Spenden ein Wohnrecht, z. B. als Altersversorgung, erworben hatten.

In der Benediktsregel war die Klosterorganisation nach dem Vorbild eines großen Haushalts mit dem von der Gemeinschaft zu wählenden Abt als Vater gedacht. Die Aufgabe der umfassenden Versorgung der Klostergemeinschaft wie die ebenfalls vorgeschriebene Gastfreundschaft und Armenfürsorge führten dazu, daß die Klöster zu differenzierten Komplexen wurden. Ein innerer Bereich war mit Kreuzgang, Dormitorium, Refektorium und Kapitelsaal geistlichen Personen vorbehalten (Klausur); ein äußerer Raum umfaßte bewirtschaftete Areale, Wirtschaftsgebäude, Gäste- und Empfangshäuser. Im Laufe des Mittelalters entstanden neben Reformzweigen der Benediktiner zahlreiche neue Orden, die häufig für sich in Anspruch nahmen, das alte monastische Ideal besser zu verwirklichen. Kaum einem Orden gelang es jedoch, die Ideale der Gründer ohne Abstriche zu befolgen. So wurde die Geschichte der großen Orden zu einer Geschichte ihrer Reformen.

78. Was waren die beliebtesten Reiseziele? Menschen reisten nicht nur, weil sie vor Krieg, Hungersnot oder Pest flüchteten. Viele waren aus beruflichen Gründen unterwegs. Das gilt für Boten, Gesandte und Wanderprediger ebenso wie für Könige, Kaufleute und Studenten. Kirchliche Strukturen sorgten für Mobilität des Klerus: der vorgeschriebene Besuch der Erzbischöfe an der Kurie, Synoden, Visitationen, Ordenskapitel - all dies führte dazu, daß Geistliche häufig reisen mußten. Auch Laien nahmen aus religiösen Gründen weite Reisen auf sich, etwa als Kreuzfahrer oder Pilger. Besonders im Spätmittelalter sind bisweilen Pilgerfahrten von Vergnügungsreisen nicht zu trennen. Die großen Wallfahrtsorte - Rom, Santiago de Compostela, Canterbury, Aachen, Wilsnack in der Mark Brandenburg - zogen jedes Jahr Tausende von Pilgern an, die aus ganz Europa kamen. Die meisten Pilger beließen es nicht bei nur einer Reise; sie steuerten dasselbe Ziel mehrmals an oder versuchten, Wallfahrten zu «sammeln». Ein extremes Beispiel stellt die Engländerin Margery Kempe dar, die am Beginn des 15. Jahrhunderts alle großen Pilgerorte einschließlich Jerusalem bereiste. Jerusalem, das seit der Spätantike ein christlicher Wallfahrtsort war, erlebte seit dem 11. Jahrhundert einen Aufschwung, der auch durch die spätmittelalterliche Expansion der Türken im östlichen Mittelmeerraum nicht gebremst wurde. Im Heiligen Land wurden die Stätten des Lebens Jesu besucht, woran sich häufig noch ein Abstecher zum Katharinenkloster auf dem Sinai anschloß. Nach Jerusalem zu pilgern war im 15. Jahrhundert besonders beim deutschen und französischen Hochadel beliebt, doch schlugen damals auch Tausende namenloser West- und Mitteleuropäer den Weg in den Nahen Osten ein. Von Venedig aus fuhren Pilgergaleeren im Linienverkehr regelmäßig über Rhodos nach Jerusalem. Berichte über Pilgerfahrten ins Heilige Land machen den größten Teil der

Reisebeschreibungen aus, die im 14. und 15. Jahrhundert in allen Sprachen zunehmen.

V Wissen und Wissensvermittlung

79. Wer glaubte, die Erde sei eine Scheibe? Daß die Menschen angeblich dachten, die Erde sei eine Scheibe, ist ein populäres Mißverständnis. Grundlage der abendländischen Kosmologie, bis Kopernikus und seine Nachfolger das Weltbild revolutionierten, waren die in der Antike erzielten Kenntnisse, insbesondere das über die arabische Welt vermittelte astronomische Werk des Ptolemäus aus dem 2. nachchristlichen Jahrhundert. Nach dem ptolemäischen Weltbild schwebt die kugelförmige Erde im Zentrum des aus konzentrischen Sphären aufgebauten Kosmos. Vorstellungen über die Größe und Gestalt der Kontinente waren vage. Vor dem Hintergrund der Kreuzzugsidee rückte Jerusalem um 1100 auf den Karten in den Mittelpunkt der Welt. Dort stießen die drei Kontinente Europa, Afrika und Asien zusammen, von denen angenommen wurde, daß sie eine Erdhälfte ausfüllten. Seit dem Hochmittelalter gibt es Karten mit einem unbenannten vierten Kontinent in der anderen Erdhälfte. Es war bekannt, daß sich die Klimazonen vom heißen Äquator bis zu den kalten Polen in beiden Erdhälften spiegelbildlich entsprechen. Allerdings war die Existenz von Antipoden strittig. Die Weltbilder der Gelehrten waren auch unter der nicht schriftkundigen Bevölkerung verbreitet, da beliebte Prediger, wie etwa Berthold von Regensburg, kosmologische Vorstellungen ansprachen. Bis ins 13. Jahrhundert begriff der Mensch die Welt mehr als Tatsache des Glaubens denn als wissenschaftlich zu erforschendes Phänomen. Weltkarten dienten nicht der Orientierung, sondern verbildlichten das Heilsgeschehen, indem sie die Lage der biblischen Orte angaben. Vereinfachte Abbildungen der drei Kontinente innerhalb eines Kreises sollten zeichenhaft verkürzt die bewohnte Erde darstellen und wurden Herrschergestalten wie etwa Kaiser Augustus als Symbol der Weltherrschaft in die Hand gegeben. Im 15. Jahrhundert wurden im Zuge der humanistischen Beschäftigung mit Ptolemäus neue Projektionsmethoden entwickelt, also Verfahren, die Oberfläche der Weltkugel auf Karten darzustellen. Der älteste erhaltene

Abb. 15: Ein Exemplar des Buchs «Wisse die Wege» (*Scivias*), in dem Hildegard von Bingen ihre kosmologischen Visionen niederlegte, wurde am Anfang des 13. Jahrhunderts in Oberitalien illustriert. Während die Seherin mit Wachstäfelchen als Notizbuch klein am unteren Rand sitzt, füllt die übermächtige Vision das Zentrum der Seite aus. Dargestellt ist der jahreszeitliche Ablauf des Lebens auf der im All schwebenden Erde, die als Kugel erscheint.

Erdglobus entstand 1492 in Nürnberg und dokumentiert die Ergebnisse portugiesischer Entdeckungsfahrten.

80. Woher wußten die Leute, wann Feierabend war? Vor der Erfindung der mechanischen Uhren waren die Möglichkeiten der Zeitmessung für den Großteil der Bevölkerung auf Schätzungen nach dem Stand der Sonne und der Gestirne beschränkt. Der Arbeitstag begann mit Sonnenaufgang und endete bei einbrechender Dunkelheit. Die Arbeitszeiten waren daher auch extrem abhängig von den Jahreszeiten, was für Bauern in Anbetracht der wenigen im Winter zu verrichtenden Arbeit kein Problem darstellte. In der Nähe zu Kirchen oder Klöstern gaben die zum Gebet rufenden Kirchenglocken einen Anhaltspunkt für die Tageszeit. Allein für Kirchen und Klöster war eine gewisse Genauigkeit der Zeitmessung notwendig. Zum Einhalten der Stundengebete setzte man auf Kerzen mit bestimmter Brenndauer, Sonnenuhren, Sanduhren oder Wasseruhren, die wegen der möglichen Kombination mit akustischen Signalen als «Nachtuhren» dienten.

Mechanische, durch Gewichte regulierte Uhren wurden im ausgehenden 13. Jahrhundert zuerst als klösterliche Weckvorrichtungen entworfen. In der ersten Hälfte des 14. Jahrhunderts wurden in italienischen Städten Turmuhren installiert, die noch keine Zifferblätter oder Zeiger hatten, sondern nur die Stunden schlugen. Am Ende des 14. Jahrhunderts waren repräsentative öffentliche Uhren mit Glockenspiel und Figurenautomaten in ganz Europa verbreitet. Private Haushalte besaßen in dieser Zeit bereits mechanische Uhren. Im 15. Jahrhundert gehörten Wand- und Tischuhren zu den Prestigeobjekten fürstlicher Haushalte; auch erste Taschenuhren sind aus diesem Jahrhundert erhalten.

Die Einführung mechanischer Uhren erleichterte die Einteilung des Tages in 24 gleiche Stunden, was erhebliche Auswirkungen auf Zeitempfinden und Arbeitsorganisation hatte. Allerdings war das Anzeigen der Minuten für die Menschen des Mittelalters nicht nötig; der erste Minutenzeiger ist erst aus dem Jahr 1577 ist bezeugt.

81. Woher wußten die Leute, wann Ostern war? Die Mehrheit der Bevölkerung wurde durch den jeweiligen Pfarrer über die Festtermine informiert. Seit dem Konzil von Nikäa (325) wird das Osterfest am ersten Sonntag nach dem Frühjahrsvollmond, also dem ersten Vollmond, der auf den 21. März folgt, begangen. Es ist ein bewegliches Fest, was die Aufstellung des von dem Hochfest Ostern abhängigen christlichen Festkalenders erschwert. Bereits im Frühmittelalter wurden deshalb komplizierte Tabellen angelegt, um die Berechnung des Ostertermins zu erleichtern. An Ostern begann in vielen Gegenden das Jahr, während anderenorts Weihnachten, der 1. Januar (Beschneidung des Herrn) oder der 25. März (Mariä Verkündigung) als Jahresanfang galten. Die Jahreszählung mittelalterlicher Dokumente weicht daher häufig vom heutigen Gebrauch ab. Die heute noch übliche Jahreszählung nach Christi Geburt wurde von einem Mönch zu Beginn des 6. Jahrhunderts errechnet und verbreitete sich seit dem 8. Jahrhundert langsam in ganz Europa.

82. Woher wußten die Leute, wo der Pfeffer wächst? Pfeffer, Nelken, Indigo, Edelsteine, Seide und andere wertvolle Rohstoffe wurden über Karawanenwege aus Indien und dem Fernen Osten nach Europa importiert. Indien galt den Europäern als ein Wunderland, über das bis zum Hochmittelalter hauptsächlich antike Quellen vorlagen. Fabelhafte Geschichten rankten sich zumal um den Zug Alexanders des Großen nach Indien, die seit dem 12. Jahrhundert in der europäischen Literatur weiter ausgeschmückt und auch bildlich dargestellt wurden. Nähere Informationen über den Fernen Osten gelangten durch Missionare und Handelsreisende des 13. und 14. Jahrhunderts in den Westen, doch enthielten ihre Berichte neben vielen zutreffenden Ausführungen über die religiösen, sozialen und wirtschaftlichen Verhältnisse jener Weltregionen in geographischer Hinsicht überaus verwirrende Mitteilungen. Der Pfeffer spielt eine große Rolle in dem Reisebericht des Jean de Mandeville (um 1360), in dem dieser Autor außer dem Pilgerweg in das Heilige Land phantasievoll eine Entdeckungsreise schildert, die ihn angeblich nach Afrika, China, Indien, in den Mittleren Osten und das Reich des Priesterkönigs Johannes – eines sagenhaften christlichen Königs, der an wechselnden Orten in Afrika oder Asien vermutet wurde – geführt hatte. Mandevilles Reiseroman verwebt Aussagen des anerkannten wissenschaftlichen Weltbilds (z. B. wird die Kugelgestalt der Erde erwähnt) mit Details aus den Asienberichten zweier Missionare und übersteigerten Fabelgeschichten. Dieses frühe Beispiel der Science Fiction-Literatur erfreute sich mit über 250 Handschriften in Latein und allen wichtigeren Volkssprachen beim spätmittelalterlichen Publikum einer großen Beliebtheit.

83. Stimmt es, daß nur Mönche lesen und schreiben konnten? Kleriker – also nicht nur Mönche – waren durch das Kirchenrecht

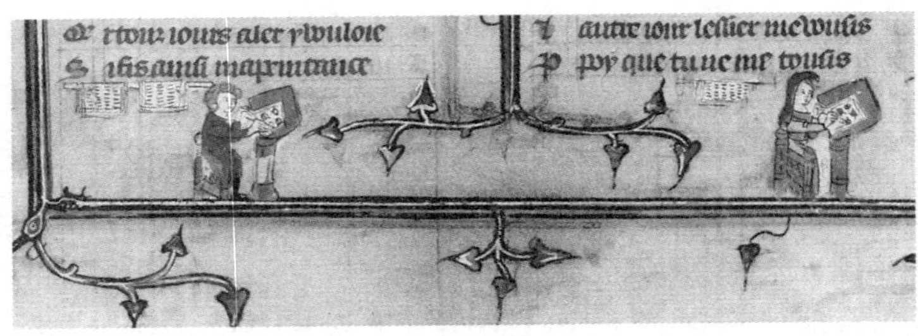

Abb. 16: Ein Mann und eine Frau führen vor, wie Buchproduktion in spätmittelalterlichen Städten funktionierte. Sie schreiben (oder malen?) beide emsig an ihren Pulten, während hinter ihnen die fertigen Seiten zum Trocknen aufgehängt sind. In großen Universitätsstädten, z. B. Paris, bildete sich ein Netz von Buchhandlungen und Schreibbüros heraus, von deren Arbeitsweise diese Miniatur inspiriert scheint, die sich in einer Handschrift des französischsprachigen «Rosenromans» aus dem 14. Jahrhundert findet.

dazu verpflichtet, sich Lesefähigkeit und Lateinkenntnisse anzueignen. Bis ins Hochmittelalter wurde vor allem in Klöstern geschrieben; Schriftsprache war Latein, und jeder, der Latein *lesen* konnte, war ein *litteratus*. Eine im 6. Jahrhundert speziell für Nonnen verfaßte Regel verlangt sogar: «Alle sollen lesen *und* schreiben lernen.» Schreiben und Lesen wurden nicht unbedingt gemeinsam erlernt. Schreiben war eine handwerkliche Tätigkeit, die in den klösterlichen Schreibstuben zu kalligraphischer Perfektion gesteigert wurde. Lesen wurde meist anhand des lateinischen Psalters erlernt und blieb lange das Merkmal des gebildeten Klerikers. Bis ins 12. Jahrhundert wurde üblicherweise laut gelesen oder über den Texten meditiert. Erst als die Masse der Texte zunahm und neue wissenschaftliche Methoden ein höheres Lesetempo verlangten, begann man still zu lesen. Lesekundige Laien blieben bis zum Hochmittelalter die Ausnahme, und in den höheren Schichten waren wohl mehr Frauen als Männer schriftkundig. In einer komplexer werdenden Welt aber konnten Verwaltung und Handel ohne Schrift nicht funktionieren, und da Herrschaft nie allein mündlich ausgeübt wird, war es bald auch für Laien wichtig, zumindest Texte in der Volkssprache lesen und schreiben zu können. Trotzdem scheint Schriftkundigkeit noch lange dem Standesideal der männlichen Adligen widersprochen zu haben. Während Hartmann von Aue stolz darauf war, lesen zu können, betont

Wolfram von Eschenbach um 1220, er kenne keinen einzigen Buchstaben. Im 15. Jahrhundert konnten dann schon etwa 30 % der städtischen Bevölkerung lesen, darunter vor allem die Kaufleute. Sie erlernten Lesen, Schreiben und Rechnen nun häufig nicht mehr als externe Schüler in kirchlichen, sondern in eigens errichteten bürgerlichen Schulen. Buchdruck und Reformation sorgten schließlich für eine raschere Verbreitung der Kulturtechniken Lesen und Schreiben.

84. Wurde im Mittelalter Küchenlatein gesprochen? Die Auffassung, im Mittelalter sei Latein nur in einer verderbten Form, eben Küchen- oder Kirchenlatein, bekannt gewesen, geht auf die Humanisten zurück. Niemand erlernte im Mittelalter Latein als seine Muttersprache, doch war es eine überaus lebendige Sprache, die nicht nur in Glaubensdingen, sondern in auch in Recht, Verwaltung und Wissenschaften jeglicher höheren geistigen Anstrengung als Medium zu dienen hatte. Die karolingische Reform orientierte sich nach einer langen Phase der sprachlichen Verwilderung bewusst wieder am Stand der christlichen Spätantike, wodurch das mittelalterliche Sprachniveau grundgelegt wurde. Schüler übten die Grammatik mit den spätantiken Lehrbüchern Donats und Priscians. Immer wieder gab es Schriftsteller, die ihren Stil hervorragend an die Vorbilder des klassischen Altertums, seien es Dichter wie Vergil, Horaz und Ovid oder Prosaisten wie Cäsar und Sallust, anzupassen verstanden. Mittelalterliches Latein hat teilweise Eigenheiten der römischen Umgangssprache bewahrt und zeichnet sich vielfach durch eine Annäherung der Satzstrukturen an die Volkssprachen aus, aus denen auch Wörter übernommen wurden. In der Erfindung von Neuprägungen bewiesen mittelalterliche Literaten eine unerschöpfliche Phantasie. Eine überaus differenzierte Fachsprache mit vielen Substantivierungen, die abstrakte Konzepte ausdrücken sollten, wurde von den Scholastikern verwendet, und gegen sie richtete sich die Abneigung der Humanisten, die hier nur unklassisches Kauderwelsch erblicken konnten. Die humanistische Rückbesinnung auf die antike Latinität führte einerseits zu einer Hochblüte neulateinischer Literatur im 16. Jahrhundert. Andererseits verhinderte die meist dem Vorbild Ciceros folgende Normierung des Lateinischen, die auch den heutigen Schulunterricht bestimmt, auf längere Sicht eine spontane Weiterentwicklung und

Anpassung der Sprache an neue Bedürfnisse, wie sie für das Mittelalter charakteristisch war. Gleichwohl blieb Latein die Sprache der akademischen Gelehrsamkeit bis ins 19. Jahrhundert.

85. Wie ging Rechnen ohne Taschenrechner? Heutzutage kann man sich die Welt nicht mehr ohne Computer und Taschenrechner vorstellen, die hoch komplizierte Rechenoperationen in Bruchteilen von Sekunden ausführen. Die Menschen des Mittelalters hatten diese Möglichkeiten nicht. Außerdem wurde nicht mit indisch-arabischen Ziffern, die sich erst ab dem 12. Jahrhundert langsam verbreiteten, sondern mit den komplizierter zu handhabenden römischen Ziffern gerechnet. Dennoch gab es Hilfsmittel, allen voran den ‹Taschenrechner› des Mittelalters, den Abakus. Unpraktischere und weniger verbreitete Formen wurden im späten Mittelalter durch den Linien- oder Streifenabakus abgelöst, eine mittelalterliche ‹Rechenmaschine›. Er besteht aus Linien, die die Einer-, Zehner-, Hunderter- und Tausenderkomponenten einer Zahl darstellen. Durch Verschieben von Rechensteinen können die Rechenoperationen ausgeführt werden. Doch auch im frühen Mittelalter war Rechenunterricht an den Klosterschulen bereits Standard, allerdings in relativ bescheidenem Umfang. Meist wurden nur die vier Grundrechenarten mit ganzen Zahlen sowie das Einmaleins, das im Chor aufgesagt oder gesungen wurde, gelehrt. Für Bruchrechnen gab es Tabellen. Auch Abakuse, die nicht die heute noch bekannte Linienform hatten, wurden verwendet. Die wirtschaftlich und technisch wenig entwickelte Welt des frühen Mittelalters benötigte kaum komplizierte Arithmetik. Innerhalb der Kirche beispielsweise hatten Berechnungen hauptsächlich für die Bestimmung der Feiertage Relevanz. Ab dem 13. Jahrhundert vollzog sich ein Aufschwung in Mathematik und Rechenmethoden, einerseits innerhalb der gelehrten Diskussion, andererseits aber auch im alltäglichen Leben. Es entstanden eigene Lehrbücher für kaufmännisches Rechnen. Die neu aufkommenden Rechenmethoden in indisch-arabischen Ziffern unterschieden sich nicht sehr von den heute üblichen Verfahren, setzten sich aber nur langsam durch. Daneben blieb der Linien- oder Streifenabakus in Verwendung, der in leichten Abwandlungen als Rechentisch oder als «Rechnen auf Linien» bis in die Neuzeit hinein benutzt wurde.

86. Was konnte ein Meister der freien Künste? Ein Meister der freien Künste hatte sich im Studium die Basis der höheren Bildung des Mittelalters erarbeitet. *Magister Artium* (Meister der Künste) ist auch heute noch der Titel für Absolventen bestimmter universitärer Studiengänge. Die sieben freien Künste waren Grammatik, Rhetorik, Dialektik sowie Arithmetik, Geometrie, Musik und Astronomie. Die drei «redenden Künste» wurden zusammengefaßt als *Trivium*, die vier «rechnenden Künste» als *Quadrivium* bezeichnet. Der aus der Antike stammende Ausdruck *Artes liberales* bedeutete, daß diese Beschäftigungen eines freien Mannes würdig waren, ganz im Gegensatz zu den *Artes illiberales*, *mechanicae* oder *sordidae*, den unfreien, mechanischen oder schmutzigen Tätigkeiten. Die freien Künste waren im frühen Mittelalter durch die Überlieferung des spätantiken Autors Boethius bekannt, lebten aber erst mit der karolingischen Renaissance wieder auf. In den großen Kloster- und Domschulen sowie in der *Artes*-Fakultät der frühen Universitäten wurden sie auf hohem Niveau gelehrt, wobei ein Schwerpunkt auf das *Trivium* gelegt wurde. Ab dem 11. Jahrhundert stand die Dialektik, die in der Scholastik als argumentative Denkform vervollkommnet wurde, im Zentrum des Lehrbetriebs. Die *Artes mechanicae* erhielten bei Hugo von St. Viktor in seinem um 1130 verfaßten *Didascalion*, einem umfassenden Studienhandbuch, einen neuen Wert. Er teilte sie in Anlehnung an die freien Künste in sieben Gebiete theoretischen Wissens über praktische (d. h. nützliche, einträgliche) Tätigkeitsfelder ein. Dennoch blieben die *Artes mechanicae*, die nicht der reinen Gottes- und Selbsterkenntnis dienten, den freien Künsten in Ansehen unterlegen.

87. Was brachte es, im Ausland zu studieren? Bis ins 14. Jahrhundert mußten junge Männer aus dem deutschen Sprachraum ins Ausland, wenn sie an einer prestigeträchtigen Ausbildung interessiert waren: es gab keine Universitäten im Reich nördlich der Alpen. Für die meisten hohen Ämter war zwar immer noch adlige Herkunft erforderlich, doch fundierte Kenntnisse wurden für die Karriere immer wichtiger. Einige nordfranzösische Kathedralschulen erreichten schon am Ende des 11. Jahrhunderts dank der dort lehrenden Magister überregionale Anziehungskraft. Im Laufe des 12. Jahrhunderts entstanden die ersten Universitäten als genossenschaftliche Zusammenschlüsse von Lehrern und Studenten nach dem

Vorbild städtischer Schwureinungen, die sich rechtliche Unabhängigkeit und Selbstverwaltung sichern konnten, ein Vorgang, der zuerst und beispielhaft in Bologna und Paris ablief.

Die Universitäten gliederten sich in die *Artes*-Fakultät als das Grundstudium und die drei höheren Fakultäten Theologie, Jura und Medizin, die aber nicht überall vertreten waren. Als Entscheidungsinstanzen stellten bekannte Universitäten - so z.B. Paris für Fragen der Theologie - einen Machtfaktor in der europäischen Gesellschaft dar. Im Spätmittelalter bauten einzelne Landesfürsten Hochschulen auf, um Fachleute für die Herrschaftsausübung im eigenen Territorium ausbilden zu lassen: Der Luxemburger Karl IV. gründete 1348 Prag als erste Universität im Reich nördlich der Alpen, es folgten noch im 14. Jahrhundert Wien als Gründung der Habsburger und Heidelberg als Gründung der Wittelsbacher. Die bis dahin obligatorische Internationalität der Hochschulbildung nahm nun langsam ab, um erst in der Neuzeit zeitweise vollkommen zu verschwinden.

88. Wer wußte, wie Kranke und Verletzte zu behandeln waren?

Das Wissen über Heilkunst beruhte auf den Werken der Griechen Hippokrates (um 440/410 v. Chr.) und Galen (129–199 n. Chr.), die im lateinischen Westen in mehrfachen Wellen verbreitet wurden, wobei es seit dem Hochmittelalter wiederholt zu neuen Übersetzungen aus der arabischen und griechischen Überlieferung dieser Texte kam. Kenntnisse der antiken Heilkunst wurden zunächst hauptsächlich von Klöstern bewahrt, die im Frühmittelalter die wichtigsten Zentren medizinischen Wissens und professioneller medizinischer Versorgung darstellten. Daneben existierte eine auf praktischen Erfahrungen und magischen Ritualen beruhende Volksmedizin. Zu Beginn des Hochmittelalters wurde Mönchen und Klerikern die Ausübung medizinischer Tätigkeiten verboten. Zum Mittelpunkt medizinischen Wissens und therapeutischer Praxis wurde die Schule von Salerno südlich von Neapel, wo sich Gelehrte aus dem gesamten Mittelmeerraum trafen. Hier bildeten sich die drei medizinischen Disziplinen Anatomie, Chirurgie und Pharmazie heraus. Der in Salerno entstandene Wissenskanon fand im 13. Jahrhundert in der Medizinalordnung Kaiser Friedrichs II. seinen rechtlichen Niederschlag und wurde zur inhaltlichen Grundlage des Medizinstudiums an den Universitäten. Arabisches und jüdi-

Abb. 17: Um die Mitte des 13. Jahrhunderts wurde in der mittelitalienischen Stadt Anagni die Krypta des Doms mit Heiligenlegenden und biblischen Szenen ausgemalt. Eine Wandfläche aber wurde dem aus der Antike überkommenen medizinischen Wissen gewidmet. Neben den in vornehmer Gewandung thronenden Ärzten Hippokrates und Galen zeigt ein Diagramm die Grundlagen der ihnen zugeschriebenen Vier-Elemente- und Vier-Säfte-Lehre. Diese Lehren besagen, daß die menschliche Gesundheit dann am besten im Lot sei, wenn unter diesen Größen Gleichgewicht herrsche.

sches Wissen wurde in der akademischen Medizin stark rezipiert; jüdische Ärzte waren im ganzen Mittelalter als Leibärzte an vielen Höfen hochangesehen. Allerdings standen an der Universität die theoretischen und philosophischen Aspekte der Medizin im Vordergrund, die Behandlung von Patienten war Nebensache. Die Chirurgie wurde zum Teil sogar aus den Lehrplänen verbannt. Wundärzte, die ihrem blutigen Geschäft am Patienten nachgingen, wurden deshalb eher den Handwerkern als akademisch ausgebildeten Ärzten zugerechnet. Denn Handwerker wie etwa Bader boten eine medizinische Grundversorgung für breite Bevölkerungsschichten. Für die Geburtshilfe waren fast ausschließlich Hebammen zuständig. Apotheker beschränkten sich nicht auf die Herstellung von Arzneien, sondern handelten zudem mit seltenen Gewürzen und stellten die verschiedensten Süßigkeiten her.

89. Was ist Scholastik? Der Begriff Scholastik ist heute oft negativ besetzt und läßt an die vermeintliche Engstirnigkeit mittelalterlicher Theologie und Philosophie und an haarspalterische Methoden denken. Doch greift diese Verwendung zu kurz. Scholastik ist nicht einzelnen Disziplinen oder Epochen zuzuordnen, sie stellt vielmehr eine Denkform oder ein Verständnis von Wissenschaft dar, das mit bestimmten Methoden verbunden ist. Scholastiker hinterfragen autoritative Texte und versuchen semantische und inhaltliche Probleme mittels Erklärungen, Widersprüchen gegen diese Erklärungen und Synthesen der verschiedenen Argumente zu lösen. Die Diskussion verschiedener Meinungen war ein wesentliches Merkmal der Scholastik, wobei die getroffenen Aussagen den strengen Ansprüchen logischer Regeln genügen mußten. Mit der zunehmenden Rationalisierung der Weltdeutung seit dem 12. Jahrhundert nahm die mittelalterliche Scholastik ihren Aufschwung. Wichtig waren zudem die Übernahme von Schriften des Aristoteles aus dem arabischen Kulturraum und die Gründung von Universitäten. Hier wurden die Werke des heidnischen Philosophen rezipiert und mit dem christlichen Weltbild in Einklang gebracht. Scholastisches Vorgehen wurde zur Grundlage des universitären Lehrbetriebs, dessen Kernveranstaltungen in der Vorlesung und Kommentierung von Texten sowie in der regelgerechten Disputation bestanden. Vor allem Angehörige der an den Universitäten stark vertretenen Bettelorden, wie Thomas von Aquin und Johannes Duns Scotus, erbrachten auch in ausgearbeiteten Lehrwerken, sogenannten Summen, erstaunliche intellektuelle Leistungen. Allerdings lief die scholastische Methode Gefahr, sich in der übergenauen Klärung unbedeutender Aspekte zu verlieren und dabei größere Zusammenhänge zu vernachlässigen, was der Ursprung heftiger Kritik war. Trotzdem blieb scholastisches Denken bis weit in die Neuzeit hinein grundlegender Bestandteil des wissenschaftlichen Arbeitens und des universitären Lehrbetriebs in allen Disziplinen.

90. Was ist Humanismus? Unter Humanismus wird seit dem frühen 19. Jahrhundert eine Bildungsbewegung verstanden, die sich im 15. und 16. Jahrhundert von Italien ausgehend in ganz Europa durchsetzte. Als Urheber gilt Francesco Petrarca (1304–1374), der Cicero und Augustin zu seinen stilistischen Vorbildern wählte. Die

Humanisten bezeichneten den Kern ihres Strebens in Anlehnung an Cicero als *studia humanitatis*: es ging ihnen darum, durch die Auseinandersetzung mit der literarisch überlieferten Gedankenwelt der Antike zur moralischen Mündigkeit des Menschen vorzudringen. Neben einer starken Aufwertung der Rhetorik spielte die griechische Literatur und Philosophie, insbesondere Plato, eine große Rolle. Ihre Kenntnis wurde durch griechische Sprachlehrer und Übersetzer seit der Wende zum 15. Jahrhundert im Westen vermittelt. Die sprachliche Gestaltung der antiken Texte und ihr historischer Kontext wurden von den Humanisten akribisch untersucht und kommentiert. Scharfe Kritik richteten sie gegen Wissensbereiche, die eine eigene, unklassische Fachsprache pflegten, wie Rechtswissenschaften und scholastische Theologie. Die Schulung des sprachlichen Ausdrucks an der Antike stand zwar im Vordergrund, doch humanistische Bildungsprogramme hatten darüber hinaus das Ziel, den gesamten Menschen zu einer umfassenden Persönlichkeit zu formen. Während sich der Humanismus in Italien zuerst in den kommunikationsfreudigen Zirkeln entwickelte, die sich in Städten wie Florenz, an Fürstenhöfen und an der Kurie zusammenfanden, wurde er nördlich der Alpen häufig durch heimgekehrte Studenten verbreitet, die im Umfeld oberitalienischer Universitäten die neue Bewegung kennengelernt hatten. Im deutschen Sprachgebiet ging der erste Anstoß zur Rezeption des Humanismus von Enea Silvio Piccolomini (1405–1464) aus, der sich als Teilnehmer am Basler Konzil, dann als Rat am Hof Friedrichs III. einen ausgedehnten Freundeskreis schuf und in der zweiten Hälfte des 15. Jahrhunderts der meistgelesene Schriftsteller Deutschlands war.

U

Kunst und Literatur

91. Wie oft wurde die Antike wiedergeboren? Um die Mitte des 19. Jahrhunderts kam für die Epoche zwischen dem 14. und dem 16. Jahrhundert die Bezeichnung Renaissance auf, womit die Vorstellung einer «Wiedergeburt der Antike» verbunden war. Die Antike war allerdings im Mittelalter nie ganz vergessen, und so wurde der Begriff Renaissance in der Folgezeit auch auf einige mittelalterliche Abschnitte europäischer Kulturgeschichte angewendet, die sich in besonders hohem

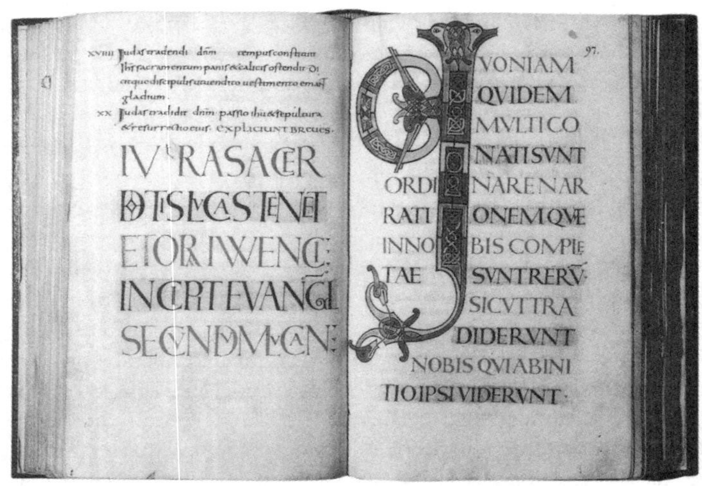

Abb. 18: Die Buchstaben dieser Seiten eines Evangeliars aus der ersten Hälfte des 9. Jahrhunderts entstammen unterschiedlichen Traditionen. Während der größte Teil des Texts in Majuskeln geschrieben ist, für die antike römische Schriften als Vorbild herangezogen wurden, beruht die Initiale «Q» (rechte Seite) auf Schriften, die in den Germanenreichen bzw. in Irland und auf den Britischen Inseln gepflegt wurden. Links oben stehen einige Zeilen in der am Ende des 8. Jahrhunderts entwickelten karolingischen Minuskel, der vielleicht erfolgreichsten europäischen Schrift überhaupt. Auf ihrer Grundlage wurden im 15. Jahrhundert die Lettern für gedruckte lateinische Texte entworfen.

Maß an antiker Literatur und Kunst orientierten. Die karolingische Renaissance steht in engem Zusammenhang mit der Bildungsreform Karls des Großen (768–814), die eine Ausrichtung an der Norm der christlichen Spätantike anstrebte mit dem Ziel, ein besseres Verständnis christlicher Glaubensinhalte zu ermöglichen. In einem umfassenderen Sinn wurde auch das 12. Jahrhundert als eine Epoche der Renaissance bezeichnet. In der Umbruchsphase zwischen Spätantike und Frühmittelalter war der lateinischen Welt eine Vielzahl an antiken Texten verlorengegangen, die in den geistigen Zentren der islamischen Welt in das Arabische übersetzt und weiter überliefert wurden. An den Berührungspunkten der christlichen mit der islamischen Welt in Spanien, Süditalien und im östlichen Mittelmeer kam es dann verstärkt im 12. und 13. Jahrhundert zu Übersetzungen ins Lateinische. So ist es vor allem im philosophischen, medizinischen und mathematisch-naturwissenschaftlichen Bereich der arabischen Kultur zu verdanken, daß antikes Wissen im Hochmittelalter auch im Westen wiederentdeckt werden konnte. Die Schriften des Aristoteles hinterließen damals einen nachhaltigen Eindruck bei europäischen Gelehrten. Hervorzuheben ist, daß sowohl die karolingische Renaissance als auch die Renaissance des 12. Jahrhunderts Spitzenleistungen mittellateinischer Literatur, besonders in der Dichtkunst, hervorbrachten. Auch die Nachahmung antiker Kunst erreichte um 800 und um 1200 einen Höhepunkt. Die ‹große› Renaissance unterscheidet sich von ihren mittelalterlichen Vorläufern hauptsächlich dadurch, daß sich die Kenntnis des Griechischen um die Wende zum 15. Jahrhundert im Westen wieder zu verbreiten begann. So wurde es möglich, griechische Literatur und Philosophie im Originaltext zu studieren. Auch nahm das Interesse an allen Aspekten der antiken Kultur ein Ausmaß an, das dem christlichen Glauben gefährlich werden konnte. Umstritten ist allerdings, inwieweit im 15. Jahrhundert bereits neuheidnische Tendenzen vorlagen.

92. Welche Stellung hatten Künstler in der Gesellschaft? Der Begriff des autonomen Künstlers und des Kunstwerks im modernen Sinn entstand erst im 18. und 19. Jahrhundert. Im Mittelalter wurde künstlerische Tätigkeit auch von den Künstlern selbst als Handwerk verstanden. Kunstwerke waren einem Zweck dienende Sachgüter, die nach ihrem Materialwert und der verwendeten Kunstfertigkeit beurteilt wurden, wobei sich der Künstler nach den Regeln seiner Kunst zu richten hatte. Die mittelalterliche Kunst gilt heute als vorwiegend im Dienst des Glaubens stehend, aber diese Optik mag durch die schlechteren Überlieferungschancen für Kunst weltlichen Inhalts etwas verzerrt sein. Die aus dem Frühmittelalter erhaltenen Kunstwerke stammen jedenfalls überwiegend aus Klöstern, und es ist anzunehmen, daß Mönche (oder Nonnen) diese Gegenstände herstellten. Dem modernen Gedanken, in seinem Werk weiterleben zu wollen, entspricht der mittelalterliche Wunsch, das Gebetsgedenken der Nachwelt zu erlangen. Der Künstlerhandwerker jener Zeit erhoffte sich dadurch allerdings keinen Ruhm, sondern Seelenheil und Vergebung seiner Sünden. In zahlreichen Handschriften sind Bildnisse der Schreiber und Buchmaler zu sehen, und an vielen Bauwerken sind Steinmetze, Bildhauer und Baumeister dargestellt. Noch häufiger treten allerdings Nennungen oder Darstellungen der Stifter auf, die als Urheber (*auctores*) des Werks galten und dessen Gestaltung wesentlich bestimmten. Schließlich war die Stiftung des Gegenstandes ein frommes Werk, während die Herstellung Arbeit, also eine niedere Tätigkeit, erforderte. Seit dem 12. Jahrhundert findet man vermehrt Künstlerinschriften an Gebäuden und Bildwerken, die nicht mehr demutsvoll um *memoria* bitten, sondern das Lob des Künstlers selbstbewußt verbreiten. Gleichzeitig mehren sich Hinweise, daß manche Künstler, wie zum Beispiel Goldschmiede, Bronzegießer, Bildhauer und Baumeister, in ganz Europa umherreisten. Im Spätmittelalter löste sich die Kunst schließlich langsam aus der kirchlichen Sphäre, doch bedeutete dies noch keine Befreiung der nunmehr meist bürgerlichen Künstler von ständischen Schranken. Ihre Zuordnung zu den Handwerkern zeigte sich in dieser Zeit am deutlichsten darin, daß sie in Zünften und Gilden organisiert waren. Eine Sonderstellung in der Gesellschaft genossen erstmals die an Fürsten- und Königshöfen des 14. Jahrhunderts angestellten Hofkünstler.

93. Was ist Romanik? Zu Beginn des 19. Jahrhunderts glaubte man in der Architektur des frühen Mittelalters eine Nähe zur römischen Kunst festzustellen und nannte sie «romanisch», um sie von der als «deutsch» betrachteten Gotik abzugrenzen. In der Epoche der romanischen Kunst zwischen 1000 und 1200 entwickelte sich ein Bewußtsein von der Welt als einem veränderbaren und verbesserbaren Ort. Für Architektur und Stadtplanung bestimmend war die Frage nach der Hierarchie im Raum, auch im Innenraum, und dem Verhältnis von Zentrum und Peripherie, wobei das Zentrum weltlicher oder sakraler Natur sein konnte: eine Stadt, ein Hof, ein Platz, ein Kloster, eine Kathedrale oder ein Altar. Charakteristisch für romanische Bauten sind Rundbogenstil, kleine Fenster, schmale Arkaden, geschlossene Flächen. Im Kirchenbau herrscht das gebundene System: ein Mittelschiffjoch entspricht zwei Seitenschiffjochen. Nach einem additiven Prinzip werden in romanischen Bauten aus geometrischen Formen gebildete Elemente zusammengefügt. Erstmals wurden auch große Raumweiten überwölbt, wie zum Beispiel im Dom von Speyer. Architekturschmuck gestaltete den vorgegebenen Raum, ohne ihn zu überschreiten. Relief und Ornament waren dabei die bestimmenden Formen, die in immer neuen Variationen weiterentwickelt wurden. Material wurde sparsam verwendet, daher war Farbe um so wichtiger. Das 19. Jahrhundert hat dies nicht verstanden und die romanischen Kirchen nicht nur von barocken Überformungen, sondern auch von ihrer ursprünglichen Farbigkeit befreit, die heute zum Teil durch Bauuntersuchungen rekonstruiert wird.

94. Was ist Gotik? *Gotico* nannten die italienischen Humanisten des 15. Jahrhunderts den Baustil des Nordens, den sie für schlecht und unharmonisch erklärten. Heute bezeichnet Gotik die europäische Kunst zwischen etwa 1140 und 1520. Die frühesten Beispiele finden sich in Frankreich in St. Denis (um 1140), Sens (1164) und Chartres (ca. 1145–1175). In den deutschen Sprachraum drang der neue Baustil erst sehr viel später ein: die Liebfrauenkirche in Trier und St. Elisabeth in Marburg wurden ab 1235 errichtet. Der gotische Stil ist keine logische Weiterentwicklung der Romanik, sondern drückt eine völlig anders geartete Raumauffassung aus. Charakteristisch sind Spitzbögen, vertikale Linien, Maßwerk, zahlreiche hohe Fenster, fragile Säulen, Rippengewölbe und, bedingt durch die Höhe der Gebäude, meist offenes Strebewerk. Gotische Architektur sucht die Raumgrenzen aufzulockern und die Wände in Licht zu verwandeln. Der Einsatz vielteiliger farbiger Glasfenster war keine Spielerei, sondern entsprang dem Bemühen, dem Übergang von der materiellen zur immateriellen Welt Gestalt zu verleihen. Die gotische Kathedrale ist ein Abbild des himmlischen Jerusalem. Auch die Bauplastik wandelte sich radikal: um 1200 trat die Skulptur aus der Fläche heraus, die Körper wurden dynamischer und die Gesichter begannen, Emotionen zu zeigen.

95. Wie entstand die volkssprachliche Literatur? Im Zuge der Christianisierung begannen Dichter zögerlich, in ihrer Muttersprache zu schreiben. Aus dieser frühen Zeit ist nur ein einziges Heldenlied in althochdeutscher Sprache überliefert, das nach seinem Protagonisten heute Hildebrandslied heißt und im 9. Jahrhundert auf frei gebliebene Seiten einer Handschrift mit christlichen Texten eingetragen wurde. Die Beschäftigung mit den Volkssprachen stand zunächst stark unter dem Vorzeichen der Mission, des Schulunterrichts und allgemein der Vertiefung christlicher Glaubensinhalte. Hilfsmittel wie latein-volkssprachliche

Wörterlisten, kleine Sprachführer mit lateinischen und volkssprachlichen Redewendungen sowie viele in lateinische Texte eingetragene volkssprachliche Wörter (Glossen) zeugen von Bemühungen um Verständnis und Verständigung. Die Formung der Volkssprache zu einer Schriftsprache wurde durch die Übersetzungen von biblischen und anderen religiösen Texten gefördert, die in karolingischer Zeit besonders in Klöstern wie Fulda und Sankt Gallen angefertigt wurden. Auch wurden im 9. Jahrhundert bereits freiere Bearbeitungen biblischer Stoffe verfaßt, wie die altsächsische Bibeldichtung *Heliand* oder die althochdeutsche *Evangelienharmonie* des Otfried von Weißenburg. Größere Mengen an mittelhochdeutschen Texten, die keinen primär religiösen Inhalt hatten, entstanden erst im 12. Jahrhundert, als sich die höfisch-ritterliche Laienkultur herausbildete, die stark von der französischen Literatur beeinflußt war. An den Fürstenhöfen ließ sich nun der Adel, darunter auch viele Frauen, Literatur vortragen oder las sie selbst, und ritterliche Tugenden wie höfische Ideale wurden in den Epen, wie sie Hartmann von Aue (*Erec*, *Iwein*), Wolfram von Eschenbach (*Parzival*) und Gottfried von Straßburg (*Tristan*) dichteten, verbreitet. Freude und Hochstimmung standen neben Wohlerzogenheit, Ansehen, Treue, Freigebigkeit und natürlich der ritterlichen *hohen minne* zu einer angebeteten, unerreichbaren Frau, die für den Ritter die Quelle der Inspiration und der Tatkraft sein sollte, so wie sie die Minnelieder eines Walther von der Vogelweide, Heinrich von Morungen und anderer oft besingen. Nach dem Untergang des staufischen Kaisertums verlagerten sich die literarischen Zentren immer mehr in die Städte, doch ahmte die hier von bürgerlichen Autoren gepflegte Literatur noch lange Zeit höfische Vorbilder nach.

96. Welche Auflage hatten Bestseller? Die Herstellung von Handschriften war im Frühmittelalter mit hohem Aufwand verbunden, zu dem die Verwendung von Pergament ebenso wie die überwiegend kalligraphische Schreibweise beitrug. So verfügten nur vermögende kirchliche Institutionen über Bibliotheken. Das änderte sich langsam seit dem 12. Jahrhundert. Im Umfeld der Universitäten wurden Verfahren entwickelt, mit denen Texte zwar immer noch handschriftlich, doch in größerer Anzahl seriell vervielfältigt werden konnten. Im 14. Jahrhundert begann sich Papier, das als Recyclingprodukt aus Lumpen («Hadern») gewonnen wurde, gegenüber dem teuren Pergament durchzusetzen, und im 15. Jahrhundert brachte die Erfindung des Drucks mit beweglichen Lettern einen neuen Anstieg der Buchproduktion. Es ist schwer zu beurteilen, wieviele mittelalterliche Handschriften verlorengingen. Wenige heute noch vorhandene Exemplare bedeuten nicht unbedingt Unbeliebtheit eines Textes, obwohl vorsichtige Schlüsse gezogen werden können. Für die religiöse Literatur weisen die ungefähr 1000 lateinischen und etwa 110 deutschen Abschriften der *Legenda aurea*, einer Sammlung von Heiligenlegenden, dieses Werk als einen Bestseller aus. Große Beliebtheit genoß auch Bernhard von Clairvaux, dessen Werke von der Mitte des 12. bis zum Ende des 15. Jahrhunderts in etwa 1500 Handschriften abgeschrieben wurden. Verfasser weltlicher, insbesondere volkssprachlicher, Literatur fallen demgegenüber weit zurück. So sind von Wolframs *Parzival* mehr als 80 Abschriften erhalten geblieben, von Gottfrieds von Straßburg *Tristan* gab es fast 30 Abschriften, von den Werken Hartmanns von Aue ist *Iwein* mit ursprünglich über 30 Abschriften am besten überliefert. Man sieht, daß Werke, die heute noch gelesen und als literarisch wertvoll betrachtet werden, nicht zu den Bestsellern gehörten, wenn man nur auf die Zahl der erhaltenen Abschriften blickt. Die genannten Autoren hatten aber bereits im Mittelalter eine bedeutende Wirkungsgeschichte. Zu bedenken bleibt immer, daß solche Texte nicht in erster Linie durch stille Lektüre, sondern durch Vorlesen und Vortragen rezipiert wurden.

97. Was wurde auf mittelalterlichen Bühnen aufgeführt? Das mittelalterliche Schauspiel entstand aus dem geistlichen Spiel, das sich aus Szenen entwickelte, mit denen liturgische Texte veranschaulicht wurden. Neben Osterspielen, deren älteste Zeugnisse aus dem 10. Jahrhundert stammen, und Weihnachtsspielen wurden Episoden der Bibel und Heiligenleben, schließlich auch eschatologische Stoffe gestaltet. Im Hochmittelalter waren diese Spiele häufig in lateinisch-deutschen Mischtexten abgefasst. Aus dem Spätmittelalter sind zahlreiche Passions- und Mysterienspiele erhalten, die zum Teil große, mehrere Tage dauernde Zyklen bilden, deren Aufführung von Spielleitern in kirchlichem oder städtischem Auftrag organisiert wurde. Das Schauspiel hatte in dieser Zeit den Kirchenraum längst verlassen und wurde auf Karrenbühnen, Brettergerüsten und sogar in eigens gebauten Rundtheatern aus

Abb. 19: Dieses Badehaus aus dem letzten Viertel des 15. Jahrhunderts ist nicht nur durch die modische Kleidung der Besucher, sondern auch durch den Getränkekühler im Garten und den auf der Fensterbrüstung sitzenden Lautenspieler als ein Ort der Freizeitgestaltung auf gehobenem Niveau gekennzeichnet.

Holz aufgeführt. Ziel war die Darstellung der Heilsgeschichte, doch wurden auch komische Szenen als Kontrast eingestreut. Selbständige weltliche Spiele treten erst seit dem 14. Jahrhundert auf. Meist handelt es sich um Fastnachtspiele, die ihre Komik aus der Ständesatire mit den Bauern als bevorzugter Zielscheibe des Spotts und aus einer drastischen Sprache beziehen.

Antike Dramen, vor allem die Komödien des Terenz, waren seit dem Frühmittelalter als Schullektüre beliebt, wurden jedoch nicht aufgeführt. Die Dichterin Hrotsvith von Gandersheim versuchte im 10. Jahrhundert die heidnischen Dramen durch eigene Dramatisierungen christlicher Stoffe zu verdrängen. Die Humanisten entdeckten die antiken Dramatiker neu – so etwa fand Nikolaus von Kues 12 vergessene Komödien des Plautus – und versuchten sich selbst an dramatischen Dichtungen über mythologische und zeitgeschichtliche Themen. Tatsächlich wiederaufgeführt wurden antike Dramen erst am Ende des 15. Jahrhunderts.

98. Wie kann mittelalterliche Musik heute noch gespielt werden?

Da Musik zu den Sieben Freien Künsten gehörte, sind zahlreiche musiktheoretische Schriften überliefert. Verschiedene Notationssysteme wurden entwickelt, um Musik aufzuzeichnen, doch selbst wenn die Lesung eindeutig ist, bleibt es oft fraglich, wie das Musikstück in seiner Zeit tatsächlich gespielt oder gesungen wurde. Es wurde überwiegend Vokalmusik schriftlich notiert, so daß die Aufführungspraxis für Instrumentalmusik besonders schwierig zu rekonstruieren ist. Die älteste Notenschrift stellen die ohne Linien geschriebenen Neumen dar; erst im 11. Jahrhundert gelang es, eine allgemeingültige Benennung der Töne im Oktavsystem und eine Notenschrift auf Linien einzuführen. Aus den ersten Jahrhunderten des Mittelalters sind fast ausschließlich Nachrichten zu liturgischer Musik bekannt. Weltliche Gebrauchsmusik wurde von Spielleuten aufgeführt, die zu den Ehrlosen zählten, wenn sie nicht seßhaft waren. Bis zum 12. Jahrhundert herrschte in der geistlichen wie in der weltlichen Musik Einstimmigkeit; dann mehren sich zwei-, später mehrstimmige Kompositionen. Im 14. Jahrhundert begannen weltliche, mehrstimmige Kompositionen zu überwiegen und die Kirchenmusik zu beeinflussen. Wenn heute mittelalterliche Musik gespielt wird, handelt es sich meist um Kompositionen des Spätmittelalters. Im 15. Jahrhundert brachte der französisch-niederländische Raum einige Komponisten hervor, wie Guillaume Dufay oder Josquin Desprez, die auch in Italien wirkten und den europäischen Musikstil prägten. Mittelalterliche Musikinstrumente sind selten erhalten geblieben, jedoch aus zahlreichen Beschreibungen und Abbildungen bekannt. Viele kamen aus dem Mittelmeerraum oder dem Orient, wie Fiedel und Laute. Ein besonders kompliziertes Instrument war die aus der Antike stammende Orgel, die in mittelalterlichen Kirchen in groß dimensionierten Exemplaren zum Einsatz kam. Das erste Hammerklavier wurde von einem niederländischen Musiktheoretiker um 1440 beschrieben.

99. Durfte der Mensch lachen? In einem Kloster werden mehrere Mönche ermordet, weil sie verbotenerweise eine Schrift des Aristoteles über die Komödie gelesen haben. Der von Umberto Eco in seinem Roman «Der Name der Rose» (1986) erfundene Täter ist der Ansicht, das durch die Komik hervorgerufene Lachen sei subversiv und müsse daher unterbunden werden. Aristoteles behauptete, das Lachen sei das eigentliche Wesen des Menschen, im Evangelium des Lukas aber heißt es, das Lachen sei der Zukunft vorbehalten, wo alle Trauernden getröstet würden. Eine Mönchsregel des 4. Jahrhunderts besagt, Lachen sei eines Mönches unwürdig, denn der Herr habe mehrmals geweint, aber niemals gelacht. Die Benediktsregel schreibt im 6. Jahrhundert vor, alle zum Lachen reizenden Worte zu vermeiden. Lachen war die unanständigste Form, das Schweigen zu brechen, es verstieß gegen die geforderte Demut. Den Gegnern des Lachens ging es nicht zuletzt darum, den Körper, «das erbärmliche Kleid der Seele», zu ächten. Andererseits wurde Heiterkeit als Vorzug auch an Geistlichen gerühmt. Die christliche Lehre kennt die Fröhlichkeit und verlangt sie sogar, zum Beispiel an Ostern. Im Gegensatz zum negativen Müßiggang soll der Gottesdienst stets positive Muße sein, also fröhlich stimmen. Etwa im 12. Jahrhundert gab die Kirche ihre abwehrende Position auf und unterschied nun zwischen moralisch gutem und verwerflichem Lachen. Verpönt blieb das unbeherrschte laute Lachen, und dies galt auch in der höfischen Erziehung. Im frühen 13. Jahrhundert begannen Malerei und Skulptur Heiterkeit in Kirchen abzubilden, etwa in den klugen Jungfrauen oder in Darstellungen der Seligen beim Jüngsten Gericht, die meist gemessen lächeln, ohne die Zähne zu zeigen. Aus dem ganzen Mittelalter ist eine so große Zahl an parodistischen und satirischen Texten erhalten, daß eine weite Verbreitung der humorfeindlichen Haltung kaum glaubhaft ist. Im täglichen Leben wurde sicherlich nicht weniger gelacht als heutzutage: bezeichnenderweise sind 80 % der überlieferten Verserzählungen komische Schwänke.

Überlieferung und Kontinuitäten

100. Woher wissen wir etwas über das Mittelalter? Alle Tatsachen, Gegenstände oder Texte, aus denen Kenntnis der Vergangenheit gewonnen werden kann, sind historische Quellen. Mittelalterliche Quellen sind nicht unmittelbar verständlich, sondern bedürfen einer Interpretation, die eine spezielle Ausbildung voraussetzt. Die Überlieferungsdichte an Texten und Gegenständen steigt im Verlauf der tausend Jahre mittelalterlicher Geschichte, doch nicht gleichmäßig: so bildet die erste Hälfte des 10. Jahrhunderts eine quellenarme Zeit, aus der nur wenige schriftliche Zeugnisse bekannt sind, während aus dem 9. Jahrhundert an die 7000 Handschriften lateinischer Texte erhalten sind. Kirchliche Quellen hatten im allgemeinen größere Überlieferungschancen als Zeugnisse der Laienwelt, und Urkunden, mit denen ein Rechts- oder Besitzanspruch begründet werden konnte, wurden eher aufgehoben als rein private Briefe. Durch natürlichen Verschleiß, Zerstörungen in Kriegen oder Katastrophen durch Feuer und Wasser sind starke Verluste eingetreten. Dazu kommen absichtliche Vernichtungsaktionen in der Neuzeit, die religiös (wie etwa die calvinistischen Bilderstürme) oder weltanschaulich (wie die Zerstörungen der Französischen Revolution) begründet waren. In Deutschland ging nach der Säkularisation der Klöster zu Beginn des 19. Jahrhunderts vieles verloren, aber nur wenig später begann man, das Übriggebliebene zu sammeln. Die auf diese Weise stark anwachsenden historischen Bestände in Archiven und Bibliotheken bildeten die Basis für die wissenschaftliche Erforschung des Mittelalters. Im Jahr 1819 wurden die *Monumenta Germaniae Historica* begründet, eine Institution, deren Aufgabe bis heute die Edition von Textquellen aus dem mittelalterlichen deutschen Reich ist. Neben Texten und Bildern sind auch Sachzeugnisse, etwa Gegenstände des täglichen Lebens, eine wichtige Quelle für Historiker. Das starke Interesse, das bereits im 19. Jahrhundert der materiellen Kultur des Mittelalters entgegengebracht wurde, wich jedoch Fragestellungen, die für eine Nationalgeschichte vermeintlich ergiebiger waren, so daß Archäologie und Realienkunde des Mittelalters sich im deutschen Sprachraum erst nach dem Zweiten Weltkrieg wieder intensiver entwickelten. Besondere Bedeutung hat dabei neben der Stadtarchäologie die systematische Beschäftigung mit Bildzeugnissen jeder Art gewonnen. So trägt jede Zeit ihren eigenen Horizont an die Quellen heran, deren Wert nicht unabhängig vorgegeben ist: die Antworten, die Texte und Gegenstände geben, hängen von den Fragen ab, die an sie gestellt werden.

101. Was verdanken wir dem Mittelalter? Ob große Kathedralen, zum Beispiel in Reims oder Paris, oder einfache Dorfkirchen, ob große Burgen, wie die Kaiserburg in Nürnberg, oder unbedeutende Ruinen, architektonische Zeugnisse des Mittelalters sind noch immer nah und üben eine zweifellos belebende Wirkung auf den Tourismus aus. Auch sind wohl vielen Menschen die Artefakte in Museen gegenwärtig: Waffen, Tongefäße, Rüstungen (von denen viele eigentlich erst aus der frühen Neuzeit stammen). In ihrer musealen Umgebung weisen diese Überreste auf die zeitliche Distanz hin. Das Mittelalter scheint in ihnen vor allem fremd und weit von unserer eigenen Umwelt entfernt.

Die Fremdheit des Mittelalters ist ‹in›. Zahllose Ausstellungen und Bücher führen dem staunenden Publikum eine unbekannte Welt vor, eine, in der es Könige und Ritter gab, in der die Menschen andere Dinge aßen und tranken, in der die Kirche eine erstaunlich weltliche Macht hatte und so weiter. Auch in den vorangegangenen 100 Fragen standen häufig fremde Seiten des Mittelalters im Zentrum der Aufmerksamkeit, und das mit Recht! Es kann gar nicht oft genug darauf hingewiesen werden, daß einfache Rückprojektionen heutiger Zustände ein falsches Bild der Vergangenheit vermitteln. Genauso falsch aber wäre es, nur die vermeintlich exotischen Seiten des Mittelalters aufzuspüren und alles, was allzu vertraut erscheint, als unspektakulär unter den Tisch fallen zu lassen.

Fragt man sich, was wir dem Mittelalter verdanken, gibt es eben noch eine andere Seite der Medaille. Viele Dinge, die heute selbstverständlich scheinen, wurden im Mittelalter ‹erfunden›: Schubkarren, mechanische Uhren, Banken, Universitäten, Kleider, die auf den

Abb. 20: Ein Mainzer Altar aus der ersten Hälfte des 15. Jahrhunderts zeigt Jesus unter den Schriftgelehrten. Einer von diesen erscheint wie ein zeitgenössischer Universitätsdozent mit dem Birett auf dem Kopf und einem Zwicker auf der Nase. Es handelt sich um eine Nietenbrille, deren Gläser zwischen dünnen Holzgestellen montiert sind. Die ältesten, in das 14. Jahrhundert zu datierenden Exemplare solcher Brillen haben sich aus dem Frauenkloster Wienhausen in der Lüneburger Heide erhalten: sie waren den Nonnen zwischen die Ritzen des Chorgestühls gefallen und wurden erst bei einer Renovierung der Klosterkirche im Jahr 1953 wiedergefunden.

Körper des Trägers zugeschnitten sind, um nur einige zu nennen. Auch orientieren wir uns in fremden Städten unwillkürlich nach Vorstellungen, die ihren Ursprung in den hochmittelalterlichen Siedlungen haben, aus denen die meisten deutschen Städte entstanden sind: ein Ort ohne urbanes Zentrum mit Geschäftsvierteln (Markt), Verwaltungsgebäuden (Rathaus) und religiös-kulturellen Einrichtungen (Kirche) ist keine richtige Stadt ... Doch auch in nicht-materieller Hinsicht ist das Mittelalter manchmal noch sehr nah. Ob wir zur Begrüßung den Hut ziehen oder aufstehen, ob wir «Grüß Gott!» (Gott grüße Dich!), «Servus» (ursprünglich: Ich bin Dir zu Diensten.) oder «Guten Tag!» (Gott schenke Dir einen guten Tag.) sagen, wir verwenden - meist unbewußt - mittelalterliche Gesten und Formeln.

Zu guter Letzt: daß dieser Text auf papierenen Seiten, die zusammen einen Buchblock bilden, steht, daß die Fragen mit arabischen Ziffern numeriert sind, daß die Wörter für sich erscheinen und nicht abstandlos aneinandergereiht werden, daß das Schriftbild angenehm zu lesen ist - all dies verdanken wir dem Mittelalter. Der Buchblock statt der Rolle setzte sich seit dem 4. Jahrhundert durch, Papier wurde seit dem Ende des 14. Jahrhunderts nördlich der Alpen hergestellt, arabische Ziffern wurden im Abendland seit dem Ende des 12. Jahrhunderts häufiger verwendet, die Worttrennung ist eine Errungenschaft des Hochmittelalters, und das Schriftbild leitet sich letztlich von der karolingischen Schriftreform um 800 her. Vielleicht lesen Sie den Text mit der Brille? Dann tragen Sie das «Mittelalter auf der Nase» ...

Zeittafel zur mittelalterlichen Geschichte

In der folgenden Übersicht werden Herrscher und Päpste mit ihren Regierungsdaten, andere Personen mit ihren Lebensdaten angeführt.

325	Das Konzil von Nikäa formuliert ein verbindliches christliches Glaubensbekenntnis und legt die Berechnung des Ostertermins fest.
380	Das Christentum wird durch Kaiser Theodosius zur Staatsreligion des römischen Reichs gemacht.
um 450	Merowech, der erste fränkische König aus dem Geschlecht der Merowinger
476	Das weströmische Reich geht mit dem Sturz des Kaisers Romulus Augustulus unter.
6. bis 8. Jh.	Irische und angelsächsische Missionare wirken im Frankenreich und in den benachbarten Regionen.
um 500	Die Franken nehmen unter König Chlodwig das Christentum in seiner katholischen Form an.
529	Die philosophische Akademie in Athen wird geschlossen, Benedikt von Nursia gründet das Kloster Montecassino.
ca. 569–632	Mohammed
622	Mohammed flieht aus Mekka zuerst nach Jhatrib, dann nach Medina (*Hidschra:* Beginn der islamischen Zeitrechnung).
661	Nach dem Tod des Kalifen Ali kommt es zu einem Streit um die Nachfolge in der Herrschaft über die arabischen Stämme, und die Spaltung der Muslime in Sunniten und Schiiten setzt ein.
672/673–754	Winfried/Bonifatius
687	Der Hausmeier Pippin aus der Familie der Karolinger vereint die seit dem Tod König Chlodwigs mehrfach geteilten Frankenreiche.
711	Nach dem Zusammenbruch des Westgotenreichs wird die Iberische Halbinsel durch die Mauren erobert.
732	In der Schlacht bei Tours und Poitiers gelingt es dem fränkischen Hausmeier Karl Martell aus der Familie der Karolinger, die arabisch-muslimische Expansion aufzuhalten.
751	Der letzte merowingische König der Franken wird ins Kloster verwiesen; die Karolinger treten mit päpstlicher Billigung die Herrschaft als fränkische Könige an («Staatsstreich» Pippins des Jüngeren).
754	Papst und Frankenkönig schließen ein Bündnis, infolge dessen die fränkischen Könige mehrfach in Italien eingreifen

	und Gebiete in Mittelitalien an den Heiligen Petrus schenken. Daraus entwickelt sich später der Kirchenstaat.
	Bonifatius wird bei einer Missionsreise in Friesland erschlagen.
768–814	Karl I., der Große
772–804	Karl d. Gr. führt einen Krieg gegen die heidnischen Sachsen, der zugleich deren Christianisierung und die östliche Expansion des Frankenreichs vorantreibt.
774	Karl d. Gr. unterwirft das Langobardenreich in Oberitalien, das zu einem Unterkönigtum im fränkischen Reich wird.
788	Herzog Tassilo III. von Bayern wird abgesetzt und Bayern endgültig in das Frankenreich eingegliedert.
789	Karl d. Gr. läßt in einer «Generalermahnung» (*admonitio generalis*) die grundsätzliche Verpflichtung zu umfassenden Verbesserungsmaßnahmen formulieren, um das korrekte Einhalten christlicher Normen herbeizuführen.
800, Dez. 25	Karl d. Gr. wird in Rom unter maßgeblicher Mitwirkung des Papstes zum Kaiser erhoben. Damit beginnt die mit Unterbrechungen bis zum Jahr 1806 bestehende Tradition eines westlichen römischen Kaisertums.
um 800	Die Karolingische Renaissance (Bildungserneuerung) setzt sich durch; ihre bedeutendsten Leistungen bestehen in der Schaffung einer neuen Schrift (karolingische Minuskel), der Angleichung des lateinischen Sprachstands an das Niveau der Spätantike und in der Überlieferung zahlreicher antiker Texte.
814–840	Ludwig der Fromme
816/817	Reforminitiativen werden auf einer Synode in Aachen bekräftigt und ausgebaut; ein Jahr später trifft Ludwig der Fromme eine Nachfolgeordnung, die den Gedanken der Einheit des Reichs betont.
820	Erstmals werden Juden als Einwohner einer Stadt nördlich der Alpen, nämlich Aachens, erwähnt.
829	Durch die Ausstattung seines nachgeborenen Sohns Karl des Kahlen mit einem Herrschaftsbereich ruft Ludwig der Fromme den Widerstand der Vertreter des Einheitsgedankens hervor; es kommt zu schweren Auseinandersetzungen.
842	Karl der Kahle und Ludwig der Deutsche leisten einander Eide in althochdeutscher und altfranzösischer Sprache (Straßburger Eide), um sich gegen ihren älteren Bruder Lothar abzusichern.
843	Im Vertrag von Verdun wird das Frankenreich unter die drei Söhne Ludwigs des Frommen geteilt, wobei dynastische und wirtschaftliche Gesichtspunkte den Ausschlag für die Grenzziehungen zwischen Westfrankenreich, Ostfrankenreich und Lotharingien geben.
870	Lotharingien wird im Vertrag von Meersen zwischen dem Westfranken- und dem Ostfrankenreich geteilt.

883–887	Die fränkischen Teilreiche sind letztmals unter einem karolingischen Herrscher vereint, dessen Sturz das Ende des karolingischen Großreichs besiegelt.
um 900	Die Ungarn beginnen Beutezüge bis weit nach Westeuropa zu unternehmen.
911	Nach dem Tod Ludwigs des Kindes tritt mit Konrad I. der erste König die Herrschaft im Ostfrankenreich an, der nicht aus der karolingischen Familie stammt.
919	Heinrich I. aus der Familie der sächsischen Liudolfinger/Ottonen wird von Sachsen und Franken zum König des Ostfrankenreichs ausgerufen und kann in der Folgezeit auch die Anerkennung der Schwaben und Bayern erringen.
936–973	Otto I., der Große
936	Otto I. wird an dem symbolträchtigen karolingischen Pfalzort Aachen in einem zeremoniellen Zusammenwirken von Bischöfen und Herzögen zum König erhoben.
951–952	Otto I. unternimmt seinen ersten Italienzug und erwirbt Oberitalien durch die Heirat mit Königin Adelheid.
955	Otto I. siegt auf dem Lechfeld bei Augsburg über die Ungarn, die ihre Einfälle nach Mittel- und Westeuropa einstellen. Er kann danach erhebliche Widerstände einiger Familienmitglieder gegen seine Herrschaft endgültig überwinden und zieht immer stärker geistliche Amtsträger als Stützen seiner Herrschaft heran (sog. ottonisch-salisches Reichskirchensystem).
962	Otto I. wird in Rom zum Kaiser erhoben.
968	Das Erzbistum Magdeburg wird auf Initiative Ottos I. zum Zweck der Slawenmission gegründet.
972	Der bereits zum Mitkaiser gekrönte Sohn und Nachfolger Ottos d. Gr., Otto II., heiratet die byzantinische Prinzessin Theophanu.
973	Die Ungarn regen eine christliche Mission in ihrem Land an.
973/976	Das Bistum Prag wird gegründet.
983–1002	Otto III.
984–994	Während der Minderjährigkeit Ottos III. übernehmen seine Mutter Theophanu (†991) und seine Großmutter Adelheid (†999) die Regentschaft.
993	Bischof Ulrich von Augsburg wird als erster Heiliger förmlich durch den Papst kanonisiert.
1000	Ottos III. besucht Gnesen und schließt einen Freundschaftsvertrag mit dem polnischen Herzog Boleslav Chrobry; Polen erhält eine eigene Kirchenorganisation mit einem Bistum in Gnesen.
um 1000	Die Normannen tauchen als Pilger und Söldner in Süditalien auf.
1001/1002	Stephan der Heilige, der erste christliche König Ungarns, wird gekrönt und durch Otto III. mit Geschenken geehrt. Ungarn erhält eine eigene Kirchenorganisation mit einem Bistum in Gran.

1002–1024	Heinrich II.
1007	Das Bistum Bamberg wird auf Initiative Heinrichs II. zum Zweck der Slawenmission gegründet.
1018	Nach drei Kriegen gegen Polen muß Heinrich II. einen Frieden mit Boleslav Chrobry schließen.
1024–1039	Konrad II., erster deutscher König aus der Familie der Salier
1033	Konrad II. erwirbt aufgrund eines Erbvertrags das Königreich Burgund. Das westliche Kaiserreich besteht von nun an aus drei Königreichen (Deutschland, Burgund, Reichsitalien).
1039–1056	Heinrich III.
1045	Stadtrömische Konflikte führen dazu, daß gleichzeitig drei Päpste den Stuhl Petri beanspruchen.
1046	Auf einer Synode in Sutri nördlich von Rom werden auf Anweisung Heinrichs III. alle drei Päpste abgesetzt; im selben Jahr wird der Bischof von Bamberg als Clemens II. zum Papst erhoben. Unter dessen Nachfolgern gewinnen Ideen der Kirchenreform in Rom an Einfluß.
1046–1115	Mathilde, Markgräfin von Tuszien
um 1050	Mit den Champagnemessen entstehen regelmäßige Märkte für den Fernhandel.
1054	Durch die gegenseitige Exkommunikation des Papstes und des Patriarchen von Konstantinopel wird die Spaltung des Christentums in eine westliche (lateinische) und eine östliche (griechische) Kirche eingeleitet.
1056–1106	Heinrich IV.
1056–1065	Während der Minderjährigkeit Heinrichs IV. führen zuerst seine Mutter Agnes (bis 1062), dann verschiedene Bischöfe die Regentschaft.
1059	Das ‹Papstwahldekret› spricht den Kardinälen ein Vorrecht bei der Papstwahl zu.
1059	Der Normanne Robert Guiskard erhält Apulien, Kalabrien und Sizilien vom Papst zu Lehen; die Normannen beginnen darauf mit der Eroberung des muslimischen Sizilien.
1066	Wilhelm der Eroberer, Herzog der Normandie, landet in England und erringt die Königsherrschaft auf der Insel.
1073–1085	Papst Gregor VII.
1075	Gregor VII. formuliert in 27 Leitsätzen (*Dictatus papae*) einen weitreichenden Führungsanspruch des römischen Papsttums.
1075	Heinrich IV. hat mit schweren Unruhen in Sachsen zu kämpfen, die sich gegen den von ihm betriebenen Ausbau königlicher Herrschaft richten. Ein Konflikt um die Einsetzung des Erzbischofs von Mailand beginnt zwischen dem deutschen König und dem Papst zu eskalieren. Damit kündigt sich der sog. Investiturstreit an, der Deutschland und Italien fast ein halbes Jahrhundert lang in kriegerischen und geistigen Auseinandersetzungen erschüttert.

1076	Heinrich IV. und die deutschen Bischöfe kündigen den Gehorsam gegenüber Gregor VII. auf, der im Gegenzug den Kirchenbann über Heinrich IV. verhängt und seine Untertanen vom Treueid löst.
1077, Januar	Heinrich IV. wird in Canossa nach dreitägigem Bußritual durch Gregor VII. vom Bann gelöst.
1077, März	Die fürstliche Opposition wählt Rudolf von Rheinfelden (†1080), den ersten Gegenkönig der deutschen Geschichte.
1078	Erstmals bezieht ein päpstliches Verbot der Investitur kirchlicher Amtsträger durch Laien den deutschen König ausdrücklich mit ein.
1079–1142	Petrus Abaelardus
1080	Gregor VII. bannt ein zweites Mal Heinrich IV., der daraufhin einen Gegenpapst erheben läßt. Im folgenden Jahrzehnt steht Heinrich IV. auf dem Höhepunkt seiner Macht.
1086	Wilhelm der Eroberer läßt im *Domesday Book* minutiös die Einkommensquellen des normannisch-englischen Königtums verzeichnen.
1090–1153	Bernhard von Clairvaux
1095	Urban II. ruft in Clermont zum Ersten Kreuzzug auf.
1096	Im Vorfeld des Kreuzzugs kommt es zu schweren Judenpogromen im Rheinland.
1098–1179	Hildegard von Bingen
1099	Jerusalem wird durch die Kreuzfahrer erobert, mehrere Kreuzfahrerstaaten entstehen im Heiligen Land.
1103	Heinrich IV. erläßt einen ersten Landfrieden für das deutsche Reich.
1120/29	Der Templerorden erhält als erster geistlicher Ritterorden eine päpstliche Bestätigung.
1120	Freiburg im Breisgau wird durch Herzog Berthold III. von Zähringen mit einem Grundriß gegründet, der von zahlreichen weiteren Städten im Hochmittelalter nachgeahmt wird.
1122	Der Investiturstreit wird durch das zwischen Heinrich V. und Calixt II. geschlossene Wormser Konkordat beendet, das für die Reichsbischöfe eine Trennung von geistlichen Amtsvollmachten und weltlichen Rechten bringt. Die Investitur des Königs gilt fortan nur für die weltlichen Anteile des Bischofsamts.
1130	In Rom werden Anaklet II. (von einer Mehrheit) und Innozenz II. (von einer Minderheit) zu Päpsten gewählt. Das Papstschisma spaltet Europa.
	Der Normanne Roger II. läßt sich zum König von Sizilien erheben.
1138–1152	Konrad III., der erste deutsche König aus der Familie der Staufer
1138–1142	Konrad III. versucht, einem welfischen Konkurrenten um die Königsherrschaft mindestens eines seiner beiden Herzogtümer Sachsen und Bayern zu entziehen, und muß zuletzt

	einen Kompromiß schließen, der Bayern an die Babenberger bringt.
um 1140	Das *Decretum Gratiani* schafft die Grundlage des bis in die Neuzeit gültigen katholischen Kirchenrechts. Mit dem Neubau der Abteikirche von St-Denis bei Paris beginnt die Entwicklung der Gotik.
um 1143	In Köln werden Mitglieder einer katharischen Gemeinde gefaßt und in Lynchjustiz von der Volksmenge zu Tode gebracht.
1147–1148	Der Zweite Kreuzzug in das Heilige Land und ein gleichzeitiger Wendenkreuzzug enden in Fehlschlägen.
1152–1190	Friedrich I. Barbarossa
1156	Friedrich I. gibt seinem welfischen Vetter Heinrich dem Löwen, Herzog von Sachsen, das Herzogtum Bayern zurück; gleichzeitig wird Österreich von Bayern losgelöst und als Herzogtum an die Babenberger vergeben.
1158	Mit der Einforderung von Herrschaftsrechten in Reichsitalien beginnt Friedrich I. eine fast zwei Jahrzehnte währende Auseinandersetzung mit den oberitalienischen Kommunen, die sich bald mit den Problemen eines neuen Papstschismas sowie Fragen des europäischen Mächteverhältnisses verquickt. Italienische Juristen unterstützen den Kaiserhof bei der Rückforderung von Reichsrechten und erhalten Privilegien für ihre Schulen in Bologna, die für spätere Universitätsgründungen vorbildlich werden.
1170–1221	Dominikus
um 1173	Petrus Valdes, ein Kaufmann aus Lyon, begründet die Waldenser.
1177	Im Frieden von Venedig söhnt sich Friedrich I. mit den oberitalienischen Kommunen und Papst Alexander III. aus.
1179	Das dritte Laterankonzil fällt wichtige Beschlüsse im Hinblick auf Papstwahl (Einführung der Zweidrittelmehrheit) und Ketzerbekämpfung.
1180	Heinrich der Löwe, der seine Macht in Norddeutschland stark ausgebaut hatte, wird nach mehrfacher Vorladung durch den Kaiser von einem Fürstengericht verurteilt. Bei seinem Sturz treten die Reichsfürsten erstmals als eine geschlossene Gruppe auf.
1181/2–1226	Franz von Assisi
1187	Saladin vernichtet die gesamte bewaffnete Mannschaft der Kreuzfahrerstaaten in der Schlacht bei Hattin und erobert danach Jerusalem.
1189–1192	Der Dritte Kreuzzug führt für die deutschen Kontingente mit dem Tod Friedrichs I. in Kleinasien (1190) zu einer Katastrophe und endet weithin erfolglos.
1194	Heinrich VI. realisiert die Vereinigung des Kaiserreichs mit Unteritalien, die durch seine Heirat mit der Erbin des Normannenreichs angebahnt worden war.

1198–1216	Papst Innozenz III.
1198	Mit der Doppelwahl Philipps von Schwaben und Ottos IV. zu deutschen Königen beginnt der staufisch-welfische Thronstreit, in dem sich der Papst zum Schiedsrichter macht; die Ansprüche des 1194 geborenen Friedrich II. werden zunächst beiseite geschoben.
ca. 1170–ca. 1230	Walther von der Vogelweide
1204	Am Ende des Vierten Kreuzzugs nimmt das westliche Kreuzfahrerheer Konstantinopel ein und begründet dort ein lateinisches Kaiserreich, das bis zur Rückeroberung der Stadt durch die Paläologen (1261) besteht. Zugleich beginnen sich im östlichen Mittelmeer- und im Schwarzmeergebiet venezianische und genuesische Kolonien zu bilden.
1205/1206	Dschingis Khan wird als Herrscher aller Mongolen anerkannt und unternimmt in den folgenden zwei Jahrzehnten Eroberungszüge, die Asien von Nordchina bis Persien, Armenien und Georgien mongolischer Herrschaft unterwerfen.
1208–1229	Mit dem Albigenserkreuzzug wird erstmals ein Kreuzzug gegen christliche Häretiker, die südfranzösischen Katharer, geführt.
(1198)1212–1250	Friedrich II.
1214	Das verbündete französisch-staufische Heer siegt in der Schlacht von Bouvines über das verbündete englisch-welfische Heer; der Sieg bringt die Durchsetzung Friedrichs II. als römisch-deutscher König und bereitet den politischen Aufstieg Frankreichs in Europa vor.
1215	Der englische König Johann Ohneland muß seinen Baronen in der *Magna Charta Libertatum* eine Reihe von Sonderrechten (u. a. bei Steuerforderungen und im Gerichtswesen) verbriefen. Das stark besuchte vierte Laterankonzil zeigt Innozenz III., der sowohl seine Führungsrolle in der Christenheit als auch den Kirchenstaat ausgebaut hat, auf dem Höhepunkt seiner Macht.
1219–1292	Roger Bacon
1220	Friedrich II. macht den geistlichen Reichsfürsten in der *Confoederatio cum principibus ecclesiasticis* Zugeständnisse im Hinblick auf ihre Herrschaftsausübung. Im gleichen Jahr sagt er dem Papst zu, die über Ketzer verhängten geistlichen Strafen durch weltliche Strafmaßnahmen zu ergänzen.
1220–1235	Der Sachsenspiegel wird durch Eike von Repgow auf der Grundlage bisher mündlich tradierten Gewohnheitsrechts verfaßt.
1225–1274	Thomas von Aquin
1227	Der Papst verhängt den Kirchenbann über Friedrich II. wegen Bruchs eines Kreuzzugsgelübdes; im Hintergrund steht das Bestreben, die Vereinigung des Kaiserreichs mit Unteritalien zu beseitigen und den Kirchenstaat aus der Umklammerung zu lösen.

1228–1229	Friedrich II. unternimmt einen Kreuzzug, in dessen Verlauf er auf friedlichem Weg in Jerusalem einzieht und durch Verhandlungen den Zutritt der Christen zu den heiligen Stätten für zehn Jahre erreicht.
1231	Der Deutsche Orden beginnt mit der Eroberung des heidnischen Preußenlandes, um dort einen gut organisierten Ordensstaat zu errichten.
1231	Friedrich II. erläßt mit den Konstitutionen von Melfi ein umfassendes Gesetzeswerk zur Ordnung von Justiz und Verwaltung im Königreich Sizilien.
1232	Friedrich II. macht den weltlichen Reichsfürsten im deutschen Reich mit dem *Statutum in favorem principum* ähnliche Zugeständnisse wie 1220 den geistlichen Reichsfürsten.
ab 1235	In Deutschland werden erste Bauten im gotischen Stil errichtet (Liebfrauenkirche in Trier, St. Elisabeth in Marburg).
1236	Friedrich II. erläßt ein Reichsgesetz für alle Juden.
1241	Die Mongolen fallen in Schlesien und Ungarn ein und treten nach der Nachricht vom Tod eines Großkhans den Rückzug an.
1245	Die erneute Bannung und Absetzung Friedrichs II. auf dem Konzil von Lyon leitet die letzte, erbittert ausgefochtene Phase im Kampf zwischen den Päpsten und den Staufern ein.
1254–1273	Interregnum im römisch-deutschen Reich
1265/1266	Karl I. von Anjou, der aus einer Nebenlinie des französischen Königshauses stammt, wird vom Papst mit Unteritalien belehnt und setzt sich dort durch.
1265–1321	Dante Alighieri. Er verfaßt nach 1307 seine *Divina Commedia.*
1268	Mit der Hinrichtung des schwäbischen Herzogs Konradin in Neapel sterben die Staufer in legitimer männlicher Linie aus.
1257	Alfons X. von Kastilien und Richard von Cornwall werden in einer Doppelwahl zu römisch-deutschen Königen erhoben.
1273–1291	Rudolf I., erster römisch-deutscher König aus der Familie der Habsburger
1278	Rudolf I. siegt über den böhmischen König Ottokar und erwirbt dadurch Österreich, Steiermark, die Windische Mark und Krain für die Habsburger.
ca. 1280	Osmanische Sultane beginnen mit dem Aufbau einer unabhängigen Herrschaft auf dem Boden des byzantinischen Reichs in Kleinasien.
1282	Ein Volksaufstand (Sizilische Vesper) beendet die Herrschaft der Anjou auf Sizilien, wo die aragonesischen Könige, die sich in weiblicher Linie von den Staufern ableiten, die Regierung antreten.
um 1285–1347/48	Wilhelm von Ockham
1291	Mit Akkon fällt die letzte christliche Bastion im Heiligen Land.
1294–1303	Papst Bonifaz VIII. vertritt Ansprüche päpstlicher Oberherrschaft gegenüber allen weltlichen Herrschern (Bulle *Unam*

	Sanctam, 1302) und scheitert schließlich in der Auseinandersetzung mit dem französischen Königtum.
1303–1373	Birgitta von Schweden
1304–1374	Francesco Petrarca
1305/09–1376	Nach der in Frankreich erfolgten Papstwahl des Erzbischofs von Bordeaux kehrt die Kurie über 70 Jahre nicht mehr nach Italien zurück. Das in Avignon seßhaft gewordene Papsttum sucht die finanziellen Möglichkeiten der Gesamtkirche immer rationeller auszunützen und zieht so starke Kritik auf sich.
1308–1313	Heinrich VII., der erste römisch-deutsche König aus der Familie der Luxemburger
1314	Ein Wittelsbacher, Herzog Ludwig von Bayern, und ein Habsburger, Herzog Friedrich der Schöne von Österreich, werden in einer Doppelwahl zu römisch-deutschen Königen erhoben.
1322	Ludwig IV. nimmt seinen Konkurrenten gefangen und entscheidet den Thronstreit damit faktisch für sich.
1323	Ludwig IV. gerät wegen Herrschaftsmaßnahmen in Italien mit Papst Johannes XXII. in Streit, der ein Prüfungsrecht (Approbation) bei der deutschen Königswahl beansprucht.
	Papst Johannes XXII. löst durch seine Ablehnung des franziskanischen Armutsverständnisses heftigen Widerstand bei radikalen Vertretern des Ordens aus, die ihn und seine Nachfolger als Häretiker bekämpfen.
1328	Ludwig IV. wird in Rom zum Kaiser erhoben (einzige ‹papstfreie› Kaiserkrönung des Mittelalters).
	Aus Avignon geflohene Franziskaner, darunter Wilhelm von Ockham, schließen sich Ludwig IV. an.
1337	Philipp VI. von Frankreich konfisziert die vom englischen König als Lehen besessene Gascogne; dies führt in den Hundertjährigen Krieg.
1338	Im Rhenser Kurverein verpflichten sich die Kurfürsten zur Verteidigung der Reichsrechte und betonen, daß der römisch-deutsche König und künftige Kaiser allein durch ihre Wahl zur Herrschaft berechtigt, eine päpstliche Mitwirkung hingegen nicht nötig sei. Diese Anschauung wird zum Reichsgesetz erhoben *(Licet iuris)*.
1346	Bei Crécy siegt ein englisches Heer über die zahlenmäßig überlegene französische Streitmacht.
1346–1378	Karl IV. (bis zum Tod Ludwigs IV. 1347 Gegenkönig)
1347–1380	Katharina von Siena
1348	Karl IV. gründet in Prag die erste Universität im Reich nördlich der Alpen.
1348–1351	Die erste Pestwelle erreicht das deutsche Reich; in ihrem Umfeld kommt es zu ausgedehnten Pogromen, die zahlreiche jüdische Gemeinden vernichten.
1356	Karl IV. erläßt die Goldene Bulle, welche die Siebenzahl der Kurfürsten und ihre Vorrechte festschreibt sowie den Modus

	der Königswahl regelt. Dieses ‹Reichsgrundgesetz› gilt mit kleineren Änderungen bis zum Ende des Alten Reichs 1806.
1360	Der Frieden von Brétigny beendet die erste Phase des Hundertjährigen Krieges mit großen Landgewinnen für England.
1364–1380	Der hochgebildete König Karl V. von Frankreich reorganisiert sein Königreich.
1371–1415	Jan Hus
1378	In Rom wird Papst Urban VI. gewählt, dessen Verhalten einen großen Teil der Kardinäle dazu bringt, mit Clemens VII. einen Gegenpapst zu erheben, der die Kurie wieder nach Avignon verlegt. Damit beginnt das Große Abendländische Schisma.
1386	Nach dem Übertritt des litauischen Fürsten Jagiello zum Christentum und seiner Heirat mit einer polnischen Königstochter entsteht die polnisch-litauische Union.
1387	Sigismund von Luxemburg, der jüngere Sohn Karls IV., wird zum ungarischen König erhoben und sieht sich durch das osmanische Vordringen auf dem Balkan veranlaßt, für einen Kreuzzug zu werben.
1389	Das osmanische Heer siegt auf dem Amselfeld über die von den Serben angeführten Truppen der Balkanvölker.
1389	Bei Nürnberg arbeitet die erste Papiermühle im deutschen Reich.
1401–1464	Nikolaus von Kues
1396	Ein westliches Kreuzfahrerheer unter Führung König Sigismunds wird von den Osmanen bei Nikopolis vernichtend geschlagen.
1397	Die Kalmarer Union vereint die drei skandinavischen Königreiche Dänemark, Schweden und Norwegen.
1399/1400	König Richard II. von England wird abgesetzt; die Herrschaft der seit dem 12. Jahrhundert regierenden Plantagenets ist damit beendet.
	Wenzel, der ältere Sohn Karls IV., wird wegen Trunksucht und Untätigkeit als römisch-deutscher König abgesetzt, kann jedoch in Böhmen weiter regieren.
1409	Ein Versuch, das Schisma mit einem Konzil in Pisa zu beheben, scheitert: es gibt nun drei Päpste.
1409	Aus Protest gegen eine Änderung der Universitätsverfassung ziehen die deutschen Professoren und Studenten der Prager Universität nach Leipzig.
1410/14–1437	Sigismund (zunächst in einer Doppelwahl zum römisch-deutschen König gewählt, 1414 gekrönt)
1405–1464	Enea Silvio Piccolomini (Papst Pius II., 1458–1464)
1414–1418	Das Konzil von Konstanz tagt mit Unterstützung Sigismunds, der selbst ein großes Interesse an Reformen in Reich und Kirche hat und sich von den Aktivitäten des Konzils eine Stärkung seiner eigenen Herrschaft verspricht.
1415	Während Frankreich durch innere Auseinandersetzungen in

	einer tiefen Krise steckt, lebt der Hundertjährige Krieg wieder auf; bei Azincourt siegt das Heer Heinrichs V. von England gegen die zahlenmäßig überlegenen französischen Truppen.
1415	Das Konstanzer Konzil legt im Dekret *Haec Sancta* die Superiorität des Konzils über dem Papst fest. In Konstanz wird der böhmische Reformator Jan Hus verbrannt.
1417	Das Konstanzer Konzil beschließt im Dekret *Frequens*, daß künftig regelmäßig Konzile abgehalten werden sollen. Die Wahl Papst Martins V. beendet das Große Abendländische Schisma.
1420	Im Vertrag von Troyes erwirbt Heinrich V. von England die französische Krone für seine Nachkommen aus der Ehe mit einer Tochter des französischen Königspaars.
1426	Die böhmischen Anhänger des in Konstanz hingerichteten Jan Hus fallen erstmals in die benachbarten Regionen ein (Beginn der Hussitenkriege).
1429	Jeanne d' Arc befreit Orléans von englischer Belagerung und führt Karl VII. nach Reims zu seiner Krönung als König von Frankreich.
1431–1449	Das Konzil von Basel tritt trotz päpstlicher Störungsversuche zusammen und sieht seine Aufgaben in der Reform der Kirche, in Friedensstiftung und in Verhandlungen mit den Hussiten.
1431	Die in die Hände der Engländer geratene Jeanne d' Arc wird in Rouen als Hexe hingerichtet.
1435	Der Vertrag von Arras leitet mit der Versöhnung des Königs von Frankreich und des Herzogs von Burgund die letzte Phase des Hundertjährigen Kriegs ein.
1436	Die vom Basler Konzil ausgehandelten Iglauer Kompaktaten bringen einen Ausgleich mit den Hussiten, die als Konfession innerhalb Böhmens anerkannt werden.
1437/8–1439	Das vom Papst in Konkurrenz zu Basel einberufene Konzil von Ferrara-Florenz führt eine Kirchenunion mit Vertretern der Ostkirche herbei.
1438	Die Kurfürsten erklären ihre Neutralität zwischen dem römischen Papst und dem Basler Konzil. Frankreich übernimmt in der Pragmatischen Sanktion von Bourges die Reformbeschlüsse des Basler Konzils.
1440–1493	Friedrich III.
1442	Friedrich III. erläßt ein Landfriedensgesetz in deutscher Sprache, das die höchste Gerichtsbarkeit im Reich fördern, Selbsthilfe (Fehden) abstellen und Schriftlichkeit in Gerichtsverfahren durchsetzen sollte.
1447	König und Reich geben die Neutralität auf und treten auf die Seite des römischen Papsttums über.
1448	Das Wiener Konkordat zwischen Friedrich III. und Papst Nikolaus V. regelt die Besetzung kirchlicher Stellen im römisch-

	deutschen Reich mit einem Kompromiß, der bis 1806 Geltung hat.
um 1450	Erfindung des Drucks mit beweglichen Lettern
ca. 1450/55–85	Die Rosenkriege, eine Auseinandersetzung der Familien Lancaster und York um die Königsherrschaft, erschüttern England.
1451–1483	Mehmed II. der Eroberer
1451–1452	Kardinal Nikolaus von Kues versucht auf einer Legationsreise durch das deutsche Reich flächendeckend Kirchenreformen durchzuführen.
1452	Zum letzten Mal krönt ein Papst den Kaiser in Rom; die Kaiserkrönungen der Neuzeit finden außerhalb Roms und nach 1530 ohne direkte Mitwirkung des Papstes statt.
1453	Konstantinopel wird durch das osmanische Heer unter Mehmed II. erobert; damit geht das byzantinische Reich endgültig unter.
1454	Die Eroberung des französischen Festlands durch die französischen Könige ist bis auf die letzte englische Besitzung Calais abgeschlossen.
1454	Der erste Türkentag der Reichsgeschichte findet in Regensburg statt.
	Die fünf wichtigsten Mächte Italiens (Papsttum, Mailand, Venedig, Florenz, Neapel) schließen eine Liga zur Erhaltung des Gleichgewichts auf der Halbinsel.
um 1460–1470	Das Ansehen Friedrichs III. steht auf einem Tiefpunkt; Reichsreformpläne rechnen mit seiner Absetzung; danach beginnt die erfolgreiche Endphase seiner Regierung.
1469	Die Heirat Isabellas von Kastilien mit Ferdinand von Aragón bereitet die Vereinigung der beiden Königreiche vor.
1477	Nach dem Untergang Herzog Karls des Kühnen von Burgund in der Schlacht bei Nancy heiratet seine Tochter Maria Maximilian von Österreich. Das Herzogtum Burgund wird in der Folgezeit zwischen Frankreich und Habsburg geteilt.
1485	Richard III. unterliegt Henry Tudor; mit diesem (Heinrich VII.) beginnt die Herrschaft der Tudors in England.
1492	Das letzte Emirat Granada wird von kastilisch-aragonesischen Truppen erobert (Ende der maurischen Herrschaft auf der Iberischen Halbinsel).
	Die Juden werden aus Spanien vertrieben.
	Kolumbus entdeckt Amerika.
1493–1519	Maximilian I.
1493/1494	Besitzrechte und Interessensphären Portugals und Kastilien-Aragons in der Neuen Welt werden durch päpstlichen Entscheid und durch den Vertrag von Tordesillas abgegrenzt.
1494	König Karl VIII. von Frankreich marschiert in Italien ein, um Unteritalien zu erobern. Die französische Invasion hat weit-

reichende politische und kulturelle Folgen für ganz Europa (u. a. Verbreitung der Syphilis).

1495 Der Reichstag von Worms faßt Beschlüsse zur Reichsreform (Erlaß eines Ewigen Landfriedens, Einführung des Reichskammergerichts und des Gemeinen Pfennigs als erster allgemeiner Kopfsteuer des deutschen Reichs).

1498 Der Portugiese Vasco da Gama kommt durch die Umseglung Afrikas nach Indien.

1517 Mit der Publikation der 95 Thesen durch Martin Luther in Wittenberg beginnt die Reformation.

Literatur

Bei der Zusammenstellung der folgenden Hinweise wurde auf die Anführung von Handbüchern, Studienbüchern, Einführungen und ähnlicher Literatur verzichtet.

Zu allen Bereichen mittelalterlicher Geschichte und Kultur informiert grundlegend das Lexikon des Mittelalters, 9 Bände (1977–1999); Studienausgabe 1999; erhältlich auch auf CD-Rom.

Eine aktuelle Einführung in die methodischen Grundlagen bietet Martina Hartmann, Mittelalterliche Geschichte studieren (2004).

Umfassende Datenbanken zur Alltagsgeschichte und materiellen Kultur des Mittelalters finden sich auf der Homepage des Österreichischen Instituts für Realienkunde: http://www.imareal.oeaw.ac.at/

Gerd Althoff, Die Macht der Rituale (2003)

Gerd Althoff/Hans Werner Goetz/Ernst Schubert (Hrsg.), Menschen im Schatten der Kathedrale. Neuigkeiten aus dem Mittelalter (1998)

Arnold Angenendt, Geschichte der Religiosität im Mittelalter, 3. Aufl. (2005)

Robert Bartlett, Die Welt des Mittelalters. Kunst, Religion, Gesellschaft (2001)

Günther Binding, Baubetrieb im Mittelalter (1993)

Hartmut Boockmann, Die Stadt im späten Mittelalter, 3. durchges. Aufl. (1994)

Arno Borst, Lebensformen im Mittelalter, 8. Aufl. (2004)

Arno Borst, Computus. Zeit und Zahl in der Geschichte Europas (2004)

Joachim Bumke, Höfische Kultur. Literatur und Gesellschaft im hohen Mittelalter, Neuaufl. (1999)

Joachim Ehlers/Heribert Müller/Bernd Schneidmüller (Hrsg.), Die französischen Könige des Mittelalters. Von Odo bis Karl VIII., 888–1498 (1996)

Edith Ennen, Frauen im Mittelalter, 6. Aufl. (1999)

Helmut Feld, Frauen des Mittelalters. Zwanzig geistige Profile (2000)

Kurt Flasch, Das philosophische Denken im Mittelalter. Von Augustin zu Machiavelli (2001)

Johannes Fried, Die Aktualität des Mittelalters. Gegen die Überheblichkeit unserer Wissensgesellschaft (2002)

Chiara Frugoni, Das Mittelalter auf der Nase. Brillen, Bücher, Bankgeschäfte und andere Erfindungen des Mittelalters, 3. Aufl. (2005)

Horst Fuhrmann, Einladung ins Mittelalter, 3. Aufl. (2004)

Horst Fuhrmann, Überall ist Mittelalter. Von der Gegenwart einer vergangenen Zeit (2002)

Hans Werner Goetz, Leben im Mittelalter vom 7. bis zum 13. Jahrhundert, 7. Aufl. (2002)

Werner Goez, Lebensbilder aus dem Mittelalter. Die Zeit der Ottonen, Salier und Staufer, 2. Aufl. (1998)

Bernd U. Hergemöller/Robert Jütte/Gerd Mentgen, Randgruppen der spätmittelalterlichen Gesellschaft (2001)

Johan Huizinga, Herbst des Mittelalters. Studien über Lebens- und Geistesformen des 14. und 15. Jahrhunderts in Frankreich und in den Niederlanden, 12. Aufl. (1987)

Martin Kintzinger, Wissen wird Macht. Bildung im Mittelalter (2003)

Hans-Henning Kortüm, Menschen und Mentalitäten. Einführung in Vorstellungswelten des Mittelalters (1996)

Jacques Le Goff, Die Intellektuellen im Mittelalter, 4. Aufl. (2001)

Jacques Le Goff (Hrsg.), Der Mensch des Mittelalters (2004)

Uta Lindgren (Hrsg.), Europäische Technik im Mittelalter: 800 bis 1200. Tradition und Innovation, 4. Aufl. (2001)

Norbert Ohler, Reisen im Mittelalter (2004)

Folker Reichert, Erfahrung der Welt. Reisen und Kulturbegegnung im späten Mittelalter (2001)

Werner Rösener, Bauern im Mittelalter, 4. unveränd. Aufl. (1993)

Eva Schlotheuber/Maximilian Schuh (Hrsg.), Denkweisen und Lebenswelten des Mittelalters (2004)

Bernd Schneidmüller/Stefan Weinfurter (Hrsg.), Die deutschen Herrscher des Mittelalters. Historische Portraits von Heinrich I. bis Maximilian I. (919 – 1519) (2003)

Ernst Schubert, Alltag im Mittelalter. Natürliches Lebensumfeld und menschliches Miteinander (2001)

Personenregister

Kursive Zahlen verweisen auf Abbildungen

Ortsregister

Sachregister

Kursive Zahlen verweisen auf Abbildungen

Bildnachweis

Berlin, akg-images, Abb. 6, 9, 13

Abbildungen wurden aus folgenden Publikationen entnommen:

Alexander, Jonathan J. G., Medieval Illuminators and Their Methods of Work, New Haven/London 1992, Abb. 16

Bartlett, Robert (Hg.), Die Welt des Mittelalters, Stuttgart 2001, (© London, The Bridgeman Art Library), Abb. 2

Dobras, Wolfgang, Gutenberg - Aventur und kunst, Mainz 2000, Abb. 20

Gillen, Otto (Hg.), Herrad von Landsberg. Hortus Deliciarum, Neustadt/Weinstraße 1979, Abb. 11

Graf, Katrin, Bildnisse schreibender Frauen im Mittelalter, Basel 2002, Abb. 15

Jarck, Horst-Rüdiger, und Gerhard Schildt, Die Braunschweigische Landesgeschichte, Jahrtausendrückblick einer Region, Braunschweig 2000, Abb. 8

Mührenberg, Doris, und Alfred Falk, Mit Gugel, Pritschholz und Trippe - Alltag im mittelalterlichen Lübeck, Lübeck 2001, Abb. 12

Norenberc - Nürnberg 1050 bis 1806. Eine Ausstellung des Staatsarchivs Nürnberg zur Geschichte der Reichsstadt, München 2000, Abb. 10

Reiner Musterbuch (© ÖNB/Bildarchiv Cod. 507 fol. 1v), Graz 1979, Abb. 1

Repgow, Eike von, Der Sachsenspiegel. Die Wolfenbütteler Bilderhandschrift, Berlin 1993, (© Herzog August Bibliothek Wolfenbüttel), Abb. 3

Richental, Ulrich, Das Konzil zu Konstanz, Starnberg/Konstanz 1964, (© Rosgartenmuseum Konstanz), Abb. 7

Schmid, Wolfgang, Kaiser Heinrichs Romfahrt (Mittelrheinische Hefte 21), Koblenz 2000, (© Landeshauptarchiv Koblenz 1C Nr. 1 fol. 3), Abb. 5

Waldburg Wolfegg, Christoph zu, Venus und Mars, München 1997, (© Kunstsammlungen Waldburg), Abb. 19

Wenzel, Horst, Wilfried Seipel und Gotthart Wunberg (Hgg.), Die Verschriftlichung der Welt, Wien/Mailand 2000, Abb. 14

Alle weiteren Abbildungen stammen aus dem Archiv der Autorin. Leider war es nicht in allen Fällen möglich, die Inhaber der Bildrechte zu ermitteln. Der Verlag ist bereit, berechtigte Ansprüche abzugelten.

Anette Kreutziger-Herr/Winfried Bönig

Die 101 wichtigsten Fragen: Klassische Musik

3., durchgesehene Auflage. 2018.

160 Seiten mit 16 Abbildungen. Paperback

Verlag C.H.Beck